中国出版产业发展研究丛书（第一辑）
总主编 蔡 翔

出版传媒上市公司投融资研究

A Research on Investment and Financing
of Publishing and Media Listed Company

李 瑞 著

中国传媒大学出版社
·北京·

序：改革是出版发展的唯一路径

中国传媒大学副校长　蔡翔

国家新闻出版广电总局近期发布了最新的产业分析报告。从"十二五"期间的产业数据看，我国出版业呈现出良性发展态势，且不乏亮点和拓展空间，再次增强了我们的士气和信心。"十二五"期间，图书出版营业收入大幅增长且年年增长，2015年达到822.6亿元，5年增幅达261亿元，增长了46.4%。传统出版与新兴出版的融合发展势头强劲，作为新业态的数字出版五年增长了318.7%，且每年增速超过30%，已成为增长最快的板块。出版业整体资本实力显著增强，据世界银行发布的资料，我国出版业投融资能力已稳居世界第一位，在跨国兼并中，中国已经成为第一大主力阵营。从以上这些分析我们不难看出，在中国的文化产业建设中，出版产业堪称中流砥柱。出版产业做不好，文化产业成为支柱产业就有可能成为空话；只有出版做强做大，文化才能真正强大起来。

我们亲历并紧密关注出版业发展，是出于产业思考，更是出于文化情怀。出版作为内容产业和文化事业，是人类知识积累和文化传承的重要力量，寄托了一代又一代文化人的理想和情怀。出版传承文化的本质不会随着时代更迭和技术变革而发生变化，其本质与产业化运营并不相悖，产业是出版的载体，产业化运营是出版更好发挥社会功用的引擎，这已经被过去十几年我们出版业翻天覆地的变化所验证,也是身处其间的我们真切感受到的。

2002年,党的十六大正式提出发展文化产业,十七届六中全会决定把文化产业发展成国民经济支柱型产业。我们的出版管理部门敏锐地捕捉到改革对于推动文化产业成为支柱产业的重大意义。以柳斌杰署长为代表的一代改革派,在其后的十年间,和支持者、同行者们一起,坚定地拉开了改革的序幕,推动了中国出版市场化的进程,有力地提升了文化产业在我国国民经济体系中的影响力、活跃度和话语权。

如今回首,从时间进程上看,这十年的中国出版体制改革具有渐进性特点,并表现出明显的阶段性。2003年,国家开展文化体制改革试点工作,出版体制改革拉开帷幕。2005年,随着中央《关于深化文化体制改革的若干意见》出台,出版体制改革工作全面展开,并按照区别对待、分类指导、循序渐进、逐步推开的原则,在出版全行业不断深化。改革不仅有路线图,更有时间表,始终有条不紊,稳扎稳打,取得一系列突破性成果。例如,国有经营性出版单位相继有序实现转企改制;又如,出版行业突破障碍开展跨地区、跨部门、跨行业并购重组,经此催生的大型出版集团和企业开始尝试上市融资,运用资本的力量不断提升市场地位……2009年,新闻出版总署《关于进一步推进新闻出版体制改革的指导意见》出台,增强了改革的攻坚力度,使改革总体上保持着积极稳妥、有效有序的态势。行至2011年"十二五"开局之时,全国581家图书出版单位除四家公益性出版社和部队出版单位外,地方、高校和各部委出版社基本完成转企改制任务,正式成为市场主体,走出与市场接轨的关键一步。到2012年十八大召开之际,原定十八大前完成的改革目标基本如期完成。

2002年至2012年间的改革成果丰硕,为中国出版业开拓了全新的局面。首先,改制帮助出版企业确立了市场主体地位,经营活力得以激发,出版生产力得到释放,全行业发展动力强劲,产业规模不断扩大。统计表明,2012年新闻出版业总产出达1.6万亿元,而作为改革试点起始年的2003年这一数据仅为3000亿元,改革十年,产值提高了5.33倍。其次,改制推动了出版业的市场化进程,市场逐步成为配置出版资源的主要手段,出版业跨区域、跨媒体的资源整合不断深化,战略性重组所培育的大型出版传媒集团产业地位突出,竞争力越来越强。2011年年底前,全国已组建出版集团33家,其中不乏江苏凤凰出版传媒集团这样的百亿级产业航母。再次,改制使中国出版业探索资本化运营的勇气和信心不断增强,驾驭资本力量的手法也越来越娴熟。这一过程中,资本无孔不入地渗透到出版业各个角落,提升着中国出版业的活力。无论是上市融资,还是战略重组,资本越来越成为中国出版业得心应手的武器。而最后,最能激发中国出版人激情的是,改制使中国出版业开始放眼世界,坚定地迈步"走出去"。国际化是中国出版业未来发展战略的重要一环,是提升中国文化软实力的重要方向,事实上,这也是改革后产业强大带来的必然结果。

2012年是出版体制改革的一个分水岭。虽然中央确定的十八大前的改革任务至2012年年底业已完成,但改革并没有就此停步。党的十八大报告就文化领域发展提出了"促进文化和科技融合,发展新型文化业态,提高文化产业规模化、集约化、专业化水平"的新要求,中国出版业要实现这种优化升级,必须进一步深化改革,解放出版生产力。2002年至2012年仅走完改革的第一阶段,为我们出版业奠定了良好的发展基础,最大程度扫清了"拦路石",但束缚出版生产力的因素依然存在。改革进入"深水区",需要出版人以更大的信念、勇气和魄力破解深层次矛盾与问题。其时,我们抱以最大热情的出版业伴随改革进程也出现了一些不尽如人意之处,引发不少争议甚至非议,需要我们正本清源、继续前行。

所有的矛盾、问题、争议、非议,归结起来在这几个方面。其一,产业发展初期重规模轻质量的做法给我们出版行业带来很多泡沫,如在我相对熟悉的学术出版领域,推出了不少平庸之作乃至垃圾作品,引发整个学术共同体的不安。必须解决发展是追求规模还是追求质量的矛盾,质量优先的发展方式才是可持续的。其二,出版产业的市场竞争力还不够强。由于体制机制等各方面的限制,目前很多出版企业产权改革仍不到位,还没有真正成为市场主体。其三,我们的法律制度环境还不够完善,统一开放、竞争有序、健康繁荣的大市场体系还没有完全建成,致使产业资源配置难以进一步优化,出版业资本运营遭遇瓶颈。而最后也是最重要的是,中国出版在当今世界出版格局中仍"大而不强",我们现在的作品还不能进入具有世界影响力作品的行列,还不能用触及人类文明根本的话题引发世界的共鸣。在看到出版业天翻地覆的变化时,冷静审视这些客观存在的问题,继续拓展前行之路,是我们出版人的使命和义务。我们都有一个共识:改革是发展的根本动力,只有坚持改革,才能有发展;改革难免遇到问题和挑战,也正是改革让各种矛盾和问题愈加凸显,问题的背后往往潜藏着深刻的制度根源,而改革遭遇的问题恰恰只能通过深化改革、继续发展来解决。

改革是一代出版人的事业,只有置身于改革历程中的人,才能体味它所带来的诸般况味,有荣耀有光环,也有误解和遗憾。达成通过改革谋发展共识的"我们",是这十几年出版改革的亲历者,包括新闻出版总署、各出版传媒集团以及出版研究机构有远见的领导们,他们曾是出版改革的推动者,同时,也是深入思索出版的过去、现在和未来的专家和学者。"我们"也有着中坚一代的成员,积极参与了出版改革的进程,并且正在后改革时代,主持和推动着出版产业的优化升级。"我们"还有出版学界培养的大量年富力强、充满创造力的年轻学人。

出版就是这样一个产、学、研息息相关的行业,理论积极指导着行业实践,行业变迁不断修正着我们的理论,形成了有机、良性互动的生态。作为柳斌杰先生的弟子,我很荣幸在先生指引下,主持了中国传媒大学出版社的转企改制,并创立了中国传媒大学编辑出版研究中心,比较全面地参与到2002年至今的出版改革进程中。前者的市场化进程开启于2002年,后者则创立于2004年,十数年来,两者从不同角度见证了中国出版业的凤凰涅槃,自身也因侧身其间得以不断成长和壮大。某种程度上讲,我们的编辑出版研究中心,地处首都、背靠传媒,有效整合了政府、学界和业界的优势资源,已经成为中国出版人才培养和决策参考的一块高地。我们的导师团队,汇聚了近三十位充满改革意识和创新思维的新闻出版界元老、出版传媒集团新锐领导以及出版管理机构、科研院所的专家学者,他们和中心的硕士、博士、博士后一起,形成了学界、业界有效联动的学术和产业共同体。这个共同体,一直以客观辩证的眼光,对中国出版改革进行着系统总结、剖析与反思。

这套出版产业发展研究丛书是中心的阶段性成果,被推荐列为2015年度国家出版基金项目。原中国出版集团总裁,现任韬奋基金会理事长聂震宁先生在推荐语中称:当下的中国出版业机遇和危机共存,要实现从出版大国到出版强国的转变,需要探索具有中国特色的当代出版产业发展路径。"中国出版产业发展研究"项目直面深化出版体制改革、出版产业政策调整、当代出版文化等重大前沿问题,多视角、全方位地为中国出版产业发展提供理论支持和智力支持,具有重要的学术价值与现实价值。原中国新闻出版研究院院长,现任中国编辑学会会长郝振省先生也对丛书给予了积极的评价,认为丛书内容系统、全面,涵盖了出版产业政策、产业转型、投融资、技术创新、国际传播、数字出版、媒介融合、文化自觉、大学出版等热点问题,是一套具有完整意义的出版产业观察丛书;同时,丛书并不止于产业研究,更从文化的角度诠释了中国出版业对人类、对中国、对世界的意义。作为主编,我很欣慰地看到丛书的正式推出,也很感谢两位前辈的支持和推荐。我们中心将陆续推出丛书的第二辑,第三辑……不断跟进、记录并反思中国出版改革以及优化升级的进程,并以更为客观的视角和理性的积淀为此进程源源不断地贡献力量。目前第一辑的作者大多还是中心的博士或博士后,他们都很年轻,普遍缺乏行业的历练,看问题的辩证性还有所欠缺。但他们的优点也很明显,没有桎梏、思维活跃、有跨学科背景、有国际化视野,是我们出版和文化产业研究的新鲜力量。丛书中《当前出版企业转型问题研究》《出版传媒上市公司投融资研究》《中国出版产业政策研究:社会转型与价值观建构》《中国数字出版产业政策研究》等都是对中国出版体制改革的客观观察,其中不乏尖锐的批评;《媒介融合趋势下的出版变迁与转型》《自出版管理问题研究》《中国数字出版内容国际传播研究》《中文人文社会科学学术期刊评价体系研究》等都能在相对开阔、与国际出版市场和评价体系对接的语境中谈论中国问题;《论出版的文化自觉》《大学精神与大学出版:民国时期"学人办刊"研究》则史论结合,从出版本质、出版价值这些更为根本的视角,以史为鉴,对中国出版产业发展的走向提出一己之见。

我很珍视丛书体现出的朝气和活力,我们的出版产业也正需要以这种朝气和活力不断推陈出新,打好深化出版体制改革、融合发展、内容创新的攻坚战;按照十三五的规划,建成文化保护传承体系、文化公共服务体系、文化产业发展体系等"六大"体系。在此过程中,值得关注和深入分析的问题还很多,包括公共服务体系如何建构、融合发展如何真正落实、学术出版机制如何调整、社会化出版现象如何看待、出版传媒法制建设如何推进、资本市场如何突破体制壁垒,等等,"中国出版产业发展研究"丛书后续将陆续推出同人的思考。我期待丛书真正成为一个开放性平台,聚合起更多同行者的力量,为出版行业、为文化产业的发展提供更多的理论和思想动力。我们的出版产业改革一直"在路上",我们的研究和行业观察也会一直"在路上"。

目录 Contents

绪 论 /1
    一 问题的提出 /1
    二 题目界定 /3
    三 选题意义 /6
    四 文献综述及研究特点 /7
    五 理论基础述评 /13
    六 创新、选题难度与可行性 /21
    七 研究方法及总体构思 /22

第1章 出版传媒上市公司的发展历程与特征分析 /25
    一 沿革 /25
    二 特征 /32
    三 小结 /64

第2章 出版传媒上市公司的投融资环境分析 /65
    一 出版产业政策环境 /65
    二 金融市场环境 /75
    三 小结 /90

第3章 出版传媒上市公司的投资行为分析 /91
    一 投资于出版主业 /91

二　投资于传媒产业链　/ 105

　　三　投资于不相关行业　/ 112

　　四　小结　/ 118

第4章　出版传媒上市公司的融资行为分析　/ 119

　　一　股权融资　/ 120

　　二　债权融资　/ 132

　　三　融资理论与决策　/ 138

　　四　小结　/ 145

第5章　出版传媒上市公司投融资决策的案例分析与反思　/ 146

　　一　案例分析　/ 146

　　二　出版传媒上市公司投融资关系的反思　/ 165

　　三　小结　/ 173

第6章　出版传媒上市公司的投融资风险与规避　/ 174

　　一　潜在风险　/ 174

　　二　规避方式　/ 185

　　三　小结　/ 197

结　语　/ 198

参考文献　/ 201

后　记　/ 206

绪　论

一　问题的提出

目前我国正处于社会转型及经济转轨的特殊时期,相对于发达资本主义国家的资本市场来说,我国的资本市场尚不够完善、规范。在这种背景下,由政府主导(或者说扶持)所形成的上市公司,绝大多数是由国有企业的原生基因转制、改造而来。鉴于此,为了保证公有制的主导地位,这些国有企业在实现股份制改造上市的过程中,往往会倾向于采纳国家控股的股权结构模式。这种"一股独大"现象所引发的委托代理机制的运行不畅,具体表现为上市公司法人主体的过度投资、投资不足或是频繁变更募集资金投向等行为,这就容易导致投资效率低下,持续发展受到制约等情况。[①] 相对于其他上市公司而言,出版上市公司的特殊性在于其肩负着传播社会主义核心价值体系,增强社会主义意识形态的吸引力和凝聚力,弘扬中华文化的重要使命。而基于发达国家资本市场经验的企业投融资理论,未必全部适用于我国出版上市公司

---

① 沈渊:《农业上市公司投资支出影响因素研究》,西北农林科技大学2009年博士学位论文。

的实际情况。因此,有必要针对我国特殊的资本市场环境,研究出版传媒上市公司的投融资决策及绩效问题。在此过程中,一方面需要考虑出版产业的特殊性,一方面也要兼顾我国资本市场的特殊性。

2002年6月,原新闻出版总署印发了《关于规范新闻出版业融资活动的实施意见》,从政策上开启了新闻出版业融资的大门。① 2010年4月,九部委联合发布的《关于金融支持文化产业振兴和发展繁荣的指导意见》指出:"推动符合条件的文化企业上市融资。支持处于成熟期、经营较为稳定的文化企业在主板市场上市。鼓励已上市的文化企业通过公开增发、定向增发等再融资方式并购和重组。支持文化企业通过债券市场融资。支持符合条件的文化企业通过发行企业债、集合债和公司债等方式融资。"②投融资系列政策的出台显示资本市场已向出版产业投来了橄榄枝。

对于业界和学界来说,出版传媒上市公司投融资问题不算是新鲜的命题。对于业界来说,自2007年第一家出版传媒类企业上市以来,其法人主体的投融资行为一直都是出版资产管理者和资本市场投资者所关注的焦点。但相对于其他类型的企业来说,我国出版企业涉足资本市场的时间相对滞后,故经验所囿,在投融资实践上一方面有着后起者的"后发优势",但同时也不得不兼顾自身意识形态的特殊性,需要对既有的经验加以甄别,摸索一套既符合市场规律又兼顾文化安全的投融资新模式。对于学界来说,学界对"传媒业资本运作"这一命题的跟进研究从未间断过。2001年,在出版业还未有上市动作的时候,就有学者陆续从"资本运营"的角度对出版资本的运作和增殖做过探讨。从广义的投资学视角来看,资本运营命题囊括了投融资问题,或者说,投融资原是资本运营的题中应有之义。然而,随着资本市场的不断完善,上市之后的投融资问题逐

---

① 姚德权:《新闻出版业跨越式发展的融资模式选择》,《出版发行研究》2003年第7期。
② 《关于金融支持文化产业振兴和发展繁荣的指导意见》,《中国报业》2010年第4期。

渐凸现出来,从"潜问题"变成了"显问题"。出版产业正由内生式资本积累向裂变式资本集中高速运行。此时,无论是政策环境还是金融环境都发生了质的变化,而之前以"资本运营"这一相对模糊、宏大的概念来解剖出版上市企业的各种行为,已经显得束缚、含混了。所以,本书力求回归投融资这两端相对明晰的行为指向,在前人研究的基础上,辅以统计性描述的语言和财务会计分析的视点,重新审视出版上市公司的投融资问题。

二 题目界定

研究对象:上市法人主体与主体业务范围的认定

上市主体的选择通常与企业的改制或重组方案密切相关。综观我国已上市的出版传媒类企业,其基因原型大都脱胎于某出版传媒集团,或与之存在着千丝万缕的关联交易。从这种演变关系来看,研究出版传媒类上市企业的投融资行为,事实上离不开对其所在出版传媒集团投融资战略的考量。之所以选定上市法人主体而非出版集团为研究对象,一则是出于数据资料易得性的考虑,二则出版业经历了早年试水期的分拆上市到成熟期的根据具体情况选择上市模式,其历史问题和所选择的发展模式也已产生了较大分化。那么,以出版集团联合体作为分析对象,很显然要考虑更多的系统变量,反而不便于描述和解释我国出版业在资本市场中的各种表现;而以出版集团名义进行的具体民事活动及经济活动,其权利义务的最终承担者事实上是集团总公司(母公司)或成员单位。① 具体到本书所探讨的问题来讲,上市公司投融资行为的最终承担者其实是对它进行控股的出版传媒股份公司。故而,出于对《公司法》法人主体的界

---

① 梁平:《组建广播电视集团的探讨》,《世界广播电视》2000年第6期。

定和直接破题的需要,直接选取发起上市的法人主体为研究对象。

上市主体的业务范围通常随着上市法人主体的确定而确定。本书之所以选取"出版传媒"的业务定位,一则是沿用业界和学界的既有表述方式,二则也是对本书所关涉的案例范围的大致界定。在当前媒介融合的环境下,从"出版"到"出版传媒"的定位转换,并不仅仅是出于投机心理的刻意迎合或业务集合的简单叠加,同时还反映出传统出版领军者的一种期许,即打造以出版业务为龙头的大型媒体集团。目前的传媒上市企业中,出版类的规模和市值更有存量优势,从兼并整合的角度来看,掌握着一定的先机。由此,上市背景下出版传媒企业的投融资行为也被赋予了深层次的使命。需要说明的是,考虑到研究口径的同一性和研究结论的普适性,本书选取以图书出版、发行业务为主要经营范围的上市主体为研究对象,并不过多涉及报刊类上市企业的相关案例。

在研究对象的表述层面,本书认同"公司与企业是两个既相互联系又有所区别的概念"。具体到出版领域,由于转企改制的时间较晚,且有"公司制改造"与"股份制改造"两步并作一步的现象,故多数研究者经常将"公司"与"企业"的概念混用。在本书行文中,遵循业界的用语习惯,不将两个概念做特别的区分。

研究起点:基于第三方视点认定投融资的逻辑顺序

从学术探索的一般规律来讲,第三方视角对于保持研究的独立性和结论的客观性极为重要,而经济学领域里的相关研究尤其看重这一点。身份认定的同时也决定了研究者的视阈。由于本书将研究对象主体选定为已上市的出版公司,所以相关财务信息的获得较为便捷。但笔者所能做的,也只是将上市主体主动公布的信息作为原始资料,且假设这些数据信息是真实而公允的,能够相对准确地描述该主体的经济活动。第三方视角的另一层要义在于明晰表述的单维性。由于投融资行为总是关涉到至少两方主体,即 A 主体的融资行为,其背后必然有一个投资者 B。出版产业近年来提出的"打造战略投资者"这一概念,其背后已然化合了投资和融资的双向行为。这样看来,投资者和融资者实际上可以看作是对立统一的一组矛盾。那么,为了描述线索的清晰,笔者放弃了资本市场普通股民的视角,选取了具体的出版上市主体,力图以一个非利益相关者的视点探究其投融资行为的完整链条。

出版业投融资行为历史发生顺序的确认,一度成为困扰本书确认研究起点的瓶颈。从企业会计准则和现金流量表的编制顺序来看,应该是先核算投资项目,再核算融资项目。这一编制顺序有其会计学的合理解释,即依照不同行为对于企业管理者的重要性递减顺序(这点类似于新闻写作的"倒金字塔结构",先罗列关键性要素)。显然,对经营活动的描述远比对投融资活动的描述重要,而投资行为对企业的意义又略显著于融资行为,即如何通过现金流带来更大利润远比"钱是怎样来的"更重要。所以,从这个角度看,先有投资行为还是先有融资行为,并非像"先有鸡还是先有蛋"命题一样存在着逻辑上的悖论。这也能解释人们为何在语意习惯上默认"投融资"这一表述。

但上述内容只是分析了投融资行为发生顺序的逻辑应然,那么现实中的逻辑实然呢?尤其是具体到中国出版产业在资本市场的行为表现。中国出版企业在上市之前,一直处在较为低阶的资本运作水平上,加上垄断性的政策优势和进入壁垒,导致我国大多数出版企业对资本的需求并不强烈。甚至对于最早一批的上市出版企业来说,其更多的困扰并非是"圈不到钱",而是面对资本市场的热切关注,自身却没有强健的资本消化能力。鉴于此,笔者开始重新思考投融资的逻辑关系。目前业界和学界更倾向于将"投融资"当作一个偏义复词,将注意力更多地倾注在融资环节,而对于投资的实践和研究远远滞后于对融资的探索。这种断裂一方面是实务界和理论界的隔膜使然,另一方面也是出版业和金融业之间缺乏有效沟通造成的。重"融资"而轻"投资",融资热情高涨而投资效率低下可以说是困扰出版上市企业的一个症结所在。可以肯定的是，没有周详的投资计划及项目依托，只为一试身手的融资行为，其资本利用情况必然是低效率的。同样，没有持续的资本增殖能力而冀望在资本市场再次融资，无疑是竭泽而渔之举。鉴于此，本书力图"纠偏"，在扭转思维方式的基础上，促使自己以一个第三方的视角看待投融资行为，树立"投资主导融资"的观念，将上市出版企业的投资行为作为研究起点，兼顾投融资的逻辑关系，力求客观地、全面地考察出版上市企业在投融资过程中有可能存在的问题。

三　选题意义

出版传媒上市公司的投融资问题既是来源于实践的课题，也是一个亟待理论观照的课题，研究此问题的意义如下：

自出版传媒企业上市以来，投融资问题由隐而显地进入到理论研究的视野，近年来已积累了不少实践案例和数据资料。对这些原始资料进行深层次的数据加工，从中探索出版传媒上市企业的投融资模式和规律，有一定的意义。

利用财务管理学的理论范式和会计学的研究方法，不仅能够合理地解释出版上市公司的投融资偏好，而且还可从学科碰撞的视角探寻出版上市企业投融资行为逻辑的特殊性，通过理论和模型的修正为投融资实践提供决策依据。

从企业战略的角度规划出版上市公司的投融资行为，这对于出版企业做大做强有着至关重要的意义。同时，从战略的角度审视投融资活动的潜在风险，对提高企业抗风险能力，加快出版业投融资体制改革将发挥一定的促进作用。

四　文献综述及研究特点

文献综述

2012年11月,证监会对2001年发布的《上市公司行业分类指引》进行了修订,将分类目录与国民经济行业分类目录调整至基本一致。[①] 原先的"传播与文化产业"主要分为出版业、广播电影电视业、信息传播服务业、声像业、艺术业、其他传播和文化产业六大类,如今细分后的目录将新闻和出版业、广播电视电影和影视录音制作业、文化艺术业、体育和娱乐业共同归入"文化、体育和娱乐业"。这种整合过程中的细分一方面体现了行业本身的发展状况,同时也昭示着行业的边界逐渐明晰化。鉴于此,在文献检索时,笔者将出版业的特殊性纳入传媒业的共通性中考量,在求同存异的基础上思索出版业的特殊性。

1.传媒业上市研究

在早期传媒业上市的相关研究中,有不少文献对上市的方式进行过讨论。如曾凡斌的《论传媒的整体上市》、赵卫斌的《新闻出版企业上市方式的选择》、林柏松的《我国出版传媒集团资本运营研究——分拆上市和整体上市比较分析》等。随着上市方式的优劣比较逐渐淡出研究者的视界,接下来又进入了较深层次的关于传媒业上市的批判性追问和建言性思考。关于传媒上市热的"冷思考"的文献有:周正兵在《警惕出版企业上市的"羊群效应"》一文中指出,目前出版企业在上市热潮中存在着从众心理;张美娟、张海莲的《关于我国出版上市企业发展的思考》则从政策建言角度来思考当前的出版业上市现象;周鼎的《关于出版集团上市

[①] 证监会:《上市公司行业分类指引》:http://news.xinhuanet.com/fortune/2012-11/17/c_123964439.htm。

的几点思考》则更多地看到了上市积极的一面,指出"融资为出版传媒上市公司并购中小企业、联合重组组建合资企业等行为提供金融支持"。①相关的文献还有喻国明的《传媒上市的利弊谱系——传媒上市的利弊分析与风险评估》等。

关于出版传媒上市的综述类文献并不多见,目前收录得较为全面的是刘明所著的《中国传媒上市实践与探索》一书,其中将收集的24家传统媒体的上市案例按照报业、出版发行、广电网络的分类,分别从同业竞争、关联交易、人员安置、资产评估、募资用途、公司治理、上市方式等方面展开论述,具有一定的资料价值。

2.传媒上市公司投融资研究

关于投融资行为的分析,从实证研究角度将投资和融资问题通盘考虑的文献相对较少,其中孙建军等合著的《中国传媒上市公司投融资行为研究》一文,通过假设检验和实证分析认定,"我国传媒上市企业的投资效率与短期债权融资呈现出某种正相关性,这表明相对迅捷、效率的融资模式对我国传媒上市公司的投资扩张行为具有正向激励作用"②,并为传媒上市公司投融资提出了以下政策建议:提供良好的投融资政策环境、优化资本结构、推动股权结构改革、组建文化产业投资基金、鼓励传媒上市公司扩展投资领域等。盛虎、王冰合著的《我国传媒类上市公司投资战略研究》一文,通过对我国出版传媒行业8家上市公司的投资策略进行汇总分析发现,出版传媒类企业对其传统主业的投资能够有效增加企业的销售收入,且能获得相对理想的总资产收益率。在强化传统业务板块投资力度的同时,倘若积极拓展包括新媒体在内的其他业务投资模式,不但能够使公司主业实现快速增长,同样也能使现有存量资产创造出更多的经

---

① 周鼎:《关于出版集团上市的几点思考》,《出版广角》2010年第5期。
② 孙建军、王浩、朱鸿军:《中国传媒上市公司投融资行为研究》,《江海学刊》2011年第3期。

济价值。此外,田祖海和吴楚松针对融资约束问题进行了探讨,认为"企业投融资方式的选择,就是各个利益相关者为了自身利益的最大化,而对剩余索取权和控制权等利益分配及利益冲突的博弈过程"①。张燕在其博士学位论文《中国传媒上市公司投融资问题研究》中提出:"传媒的多元化投资应围绕传媒主业的相关多元化经营,传媒上市公司在进行相关多元化投资时,必须遵循一些投资战略,如基于规模经济和范围经济的横向一体化投资战略,基于降低交易成本的纵向一体化投资战略。"此文密切围绕着传媒业投融资行为展开分析,但由于传媒领域中的出版业、电影业各自遵循着不同的投融资逻辑,所以在某些结论性路径方案的规划上,难免有以偏概全的倾向。周正兵的《出版类上市公司投资行为的实证分析——我国出版产业培育战略投资者的现实思考之二》一文,通过对五家出版上市公司募集资金的最终流向进行分析,指出当前出版界无论是产业结构的调整升级等宏观层面,抑或募集资金的获利水平等微观层面,都还有较大的提升空间。

关于投融资效率的分析,匡琪琦在《中国传媒上市公司融资效率研究》中,运用模糊数学的评价方法,分别对我国传媒上市企业以股权融资、债券融资、内源融资为代表的融资效率进行了评价。指出传媒上市公司所处的发展阶段不同,其融资方式的最优选择组合亦不尽相同:对于初涉资本市场的传媒公司,其最优融资顺序依次为股权融资、债券融资、内源融资;处于相对成熟阶段的传媒公司,其最优融资顺序则恰好相反。穆青和万涛合著的《我国传媒上市公司融资效率研究》一文也对此有过探讨。关于信息非对称条件下企业投资的文献,潘敏等学者研究发现,我国上市公司一方面存在委托金融机构理财,挪用股权融资资金清偿银行贷款等投资不足行为,另一方面又普遍存在在缺乏科学论证环节的情况下投资

---

① 沈渊:《农业上市公司投资支出影响因素研究》,西北农林科技大学2009年博士学位论文。

大量非理想的运营项目,以及随意变更募集资金投向等过度投资行为。关于优序融资原则下的企业投资研究表明,我国上市公司在融资次序的选择上存在较显著的"股权偏好"现象。调查表明,1999年度沪市上市公司长期负债融资仅占长期资金来源的6.2%,且主要来自于长期借款和应付款;股权融资是上市公司最主要的长期资金来源,其比重高达52.6%。显然,这与发达国家上市公司50%~97%的资金来源于内部资金,11%~57%的资金来源于债权融资,仅3.3%~9%的资金依靠新股发行的融资顺序行为完全悖反。①

关于投融资的比较研究目前并不多见。辛阳的博士学位论文《中美文化产业投融资比较研究》是为数不多的以跨文化视角对文化产业进行投融资比较研究的文献。作者以其经济学的专业背景对中美文化产业投融资效率进行了较为严谨的实证分析,在借鉴美国文化产业投融资经验的基础上,提出了完善我国文化产业投融资体系的一些基本建议。

3.传媒上市公司财务分析

刘姝威的《上市公司虚假会计报表识别技术》一书,从财务报表分析、审计报告分析、静态分析、趋势分析、同业比较、基本面分析、现场调查等方面阐述了识别虚假会计报表的基本分析技术,其在著述过程中披露的蓝田公司财报造假事件曾是轰动一时的新闻。王晓艳的《传媒上市公司财务报告分析》一书对财务报表进行分析,并着重讲解了传媒上市公司财务分析的特殊性。至于具体业务层面,部分学者从财务管理、合并财务报表方面进行过探讨,如蒋三梅的《H出版集团合并财务报表及分析》、谭志军的《关于出版企业财务集中管理的思考》等。

曾爱民的《融资约束、财务柔性与企业投资—现金流敏感性——理论

---

① 刘丹、王晓品:《新优序融资理论对我国上市公司融资策略的指导意义》,《决策与信息》(财经观察)2008第8期。

分析及来自中国上市公司的经验证据》一文，针对财务柔性理论进行实证分析发现："在受到融资约束的情况下，企业的财务柔性水平与投资—现金流敏感度正相关；在无融资约束的情况下，企业的财务柔性水平与投资—现金流敏感度负相关。即企业的投资—现金流敏感度并非仅由企业的融资约束状况所决定，因此不能简单地以投资—现金流敏感性来度量企业融资约束程度。"①

另有一种研究是基于企业财务数据指标的经营绩效分析，如黄霄旭在《出版上市公司"数字化"透视——我国出版上市公司经营绩效分析与考察报告》（此题目中的"数字化"并非意指数字出版，而是以数据化的视角考量问题）一文指出："就整体股市而言，出版业与其他行业相比，财务风险评价处于良好状态，成长能力也堪称理想，但盈利能力和经营效率却远落后于其他行业，具有很大的进步空间。"②

4.传媒上市公司资本运营研究

在上市公司资本运营绩效方面，姚德权与陈晓霞合著的《传媒上市公司资本结构与绩效相关性研究》一文通过实证检验得出结论："传媒上市公司的运营绩效与资本结构及前五大股东持股比例呈正相关，与流动资产负债率和公司规模呈负相关。"③姚德权与李倩合著的《传媒上市公司高管薪酬激励与经营绩效实证研究》显示："传媒上市公司高管薪酬（货币形式）与公司经营绩效呈正相关；高管持股激励则与公司经营绩效存在着较弱的正相关性。"④郑小强的《传媒上市公司股权集中度与经营绩效

---

① 曾爱民：《融资约束、财务柔性与企业投资—现金流敏感性——理论分析及来自中国上市公司的经验证据》，《中国会计学会 2011 学术年会论文集》。
② 黄霄旭：《出版上市公司"数字化"透视——我国出版上市公司经营绩效分析与考察报告》，《出版广角》2012 年第 5 期。
③ 姚德权、陈晓霞：《传媒上市公司资本结构与绩效相关性研究》，《国际经贸探索》2008 年第 12 期。
④ 姚德权、李倩：《传媒上市公司高管薪酬激励与经营绩效实证研究》，《现代传播》2011 年第 12 期。

关系实证研究》指出:"媒体规制作为产生股权高度集中现象的重要外因,可尝试通过降低控股股东的持股比例提高传媒上市公司的经营业绩。"①胡志勇等合著的《我国传媒上市公司经营效绩剖析》通过描述性统计对我国传媒产业近五年的发展状况进行分析发现:"无论从市场预期层面,还是从公司运营绩效层面来看,传媒产业都应当是我国国民经济体系中的朝阳产业。"②庞万红《传媒上市公司运营绩效研究》一文,通过汇总传媒上市公司的盈利能力、偿债能力、财务结构等指标,采取经验数据比较及横向比较相结合的方式,分析了当前传媒上市企业在资本运营中存在的问题。以束义明的《我国传媒上市公司经营绩效评价及实证研究》为代表的相关文献也对此问题有所涉及。

研究特点

综上可以看出,在出版传媒上市公司大批涌现的近五年间,涉及投融资的相关研究主要有以下两个特点:

1.研究重心的偏颇

从研究者的学科背景来看,有着经济学、财务学背景的学者更偏向于实证研究,这类文献的价值也是相对较高的,能够很好地解释和指导实践。但随之而来的问题是,在实证的方法和视角受到追捧的同时,学界也出现了一些"以实证的形式谈感性的认识"的现象,这对问题的深入探讨有着一定的阻滞作用。另外,研究方向容易"扎堆",近年来稍显"泛滥"的绩效研究即是表征。目前的研究成果确实在一定程度上反映了我国出版传媒上市公司的投融资理念与实践。虽然这个认知过程是渐进的、曲折的,甚至期间也有过较为偏激的片面见解,但作为学术理论的商榷,其

---

① 郑小强:《传媒上市公司股权集中度与经营绩效关系实证研究》,《重庆科技学院学报》2012年第5期。
② 胡志勇、王首程、李祥伟:《我国传媒上市公司经营效绩剖析》,《广州大学学报》2007年第1期。

实也是在所难免的。

2.研究视野和方法的局限性

以往的文献针对投融资行为的研究多偏重于投资或融资一端,没有讲清楚二者间的辩证关系。事实上,投资与融资相互依存,只有糅合在一起才有可能讲清楚,也只有上升到出版上市企业战略发展的高度,才有可能合理地统筹规划二者。研究方法之前更多地倚重案例研究,虽然也有一些实证研究,但其推导的过程过于依赖数学模型,稍显复杂和烦冗,不便于出版行业的人士理解和接受。

五 理论基础述评

财务管理理论

1.财务管理的内涵与目标

财务管理是在一定的企业管理目标下,对于投资、筹资、经营中的现金流量以及利润分配的管理。关于企业财务管理的目标,有过以下几种主流观点[①]:

(1)利润最大化

"利润最大化"作为企业财务管理的重要目标,至今仍有广泛的市场。现代公司制度诞生初期,企业的资本结构主要由私人财产、自筹资金构成,当时个体业主的唯一目的是通过财富增殖实现利润的最大化。步入现代公司制度的成熟阶段,企业的资本结构开始转变为业主和债权人共同投资的模式。现代文明公司的运营特征逐渐转向有限责任和两权分离并驱,且由职业经理人负责控制。在企业治理结构发生变化后,企业利

---

① 刘秀琴:《财务管理》,中国林业出版社2011年版,第7页。

润最大化观点的缺陷也开始显现：一方面，"利润最大化"的思维忽视了"投入—产出"的价值比例，尤其是没有充分考虑到获取利润的时间成本；另一方面，此种认识忽略了未来获取利润时所承担的风险。概因投资项目一般都具有一定的风险，如果某企业的投资项目风险较大，其未来每年预期利润的风险也就较大。如此，片面追求利润最大化只会导致企业的短期行为。①

（2）股东财富最大化

所谓股东财富是指投资者于未来一定期间能够获得的投资权益的现金流量。上市公司的股票价格作为客观的市场评价标准，代表了资本市场的投资者对该企业价值的集中评价。由于股票价格反映了资本和获利之间的关系，综合体现了各种外界因素的影响，同时也是衡量企业各项财务活动绩效的有效指标，因此，目前世界上大多数财务学家认为：尽管股票价格最大化目标存在着某些不足，还不是一个完全理想的财务管理目标，但它可以克服利润最大化或每股盈余最大化等目标的一些致命缺陷。

（3）社会价值最大化

企业社会价值最大化又称利益相关者财富最大化，此观点尤其适用于以出版传媒为主业的上市公司。从企业社会责任角度考虑，企业的所有权主体并不应仅仅局限于股东，而应拓展为出资者、债权人、员工、供应商和用户等利益相关者。现代社会商品生产的社会化、专业化程度不断提高，企业间相互依赖程度随之加强，社会信用对经济的影响也不断加剧。企业的任何行为都不再是个体行为，都可能对整个社会经济产生影响。在这种情况下，企业仅以追求利润为终极目标就显得过于狭隘和自私，故而应当承担一定的社会责任。②

---

① 周卫民：《企业目标的超背景选择》，《商场现代化》2006年第10期。
② 罗欣：《现代企业财务管理目标的现实选择》，《财会研究》2010年第5期。

2.财务管理理论的演进

财务管理作为一门独立的学科产生于19世纪末,美国学者格林(Thomas L.Greene)于1897年出版的《公司理财》标志着财务管理学科的诞生。一般而言可从以下四个阶段考察其演进脉络①。

(1)传统财务管理阶段(20世纪初—20世纪30年代)

20世纪初,资本主义国家的科技发明带动了新兴工业的发展。这种变迁引发了企业资金需求量的急剧增长,为企业扩张筹集资金成为企业金融活动面临的首要问题。但由于当时市场的不完善、法规的不健全和财务信息可靠性差等原因,投资者裹足不前,个人储蓄转化为企业投资还存在着一些障碍。因此,这一时期企业财务研究分析的重点是与公司成立、证券发行以及公司兼并、合并等相关的法律性事务,为企业筹资服务。

(2)综合财务管理阶段(20世纪30年代—20世纪50年代)

此阶段经历过20世纪30年代的经济大萧条,西方学者及企业经营者逐渐认识到,要想在激烈的竞争中实现企业的可持续发展,财务管理层面必须采用科学的方法促使其所筹集的资金在企业现金流的循环中得到高效率的利用。此阶段的公司理财研究发生了较大转向,受大萧条的影响,破产法、公司重组、宏观政府管制等研究逐渐成为显问题。

(3)现代财务管理阶段(20世纪50年代—20世纪70年代)

这一阶段财务管理学研究的重点领域开始从传统的资金筹集和综合理财的"资金内部控制",转为探讨个人、企业乃至整个社会如何在风险资产合理估价的基础上就稀缺资源的有效分配做出正确的决策。马科维茨1952年提出的现代投资组合理论,米勒和莫迪里亚尼1956年提出的"MM"理论②,詹森、法马和麦克林提出的"委托—代理"理论成为这一时

---

① 学界对财务管理理论的发展阶段划分多有不同,此处参照的是丁玉芳、邓小军主编:《高级财务管理:理论与实务》,经济管理出版社2009年版。
② 下文评述资本结构理论时还将涉及。

期的代表理论。

(4)新财务理论与网络理财阶段(20世纪70年代至今)

20世纪70年代以来,随着财务管理业务范围的拓展和理财环境的变化,财务管理的对象突破了现金流转的范围,并逐渐涉及财务领域之外的一些新问题,主要表现在:①研究通货膨胀对财务活动的影响,以及融资、投资、资金营运的反通货膨胀财务策略逐渐成为显问题。②信息技术的跨越式发展拓展了企业财务管理的手段与范围。财务管理开始面对网络化的经济环境和信息应用技术,如电子货币系统、电子结算系统、电子商务系统和企业资源管理系统等大量新技术,已经在企业中得到了普遍应用。

资本结构理论

资本结构是指企业资本的构成及其比例关系,资本结构的变动反映了企业各方参与者之间权、责、利关系的变动。作为企业融资决策的核心问题,资本结构对于企业价值最大化有着至关重要的意义。在西方财务理论界,通常将资本结构理论、投资理论和股利政策理论并称为财务理论的三大核心内容。资本结构理论对于企业建立高效的筹资模式、合理配置社会资源具有重要的指导作用。

从20世纪50年代开始,西方资本结构理论先后经历了早期资本结构理论、现代资本结构理论到新资本结构理论的演变(如图1所示)。下文将就其中较为主流的理论流派做简要梳理。

1.早期资本结构理论

(1)净收入理论

净收入理论认为债务资本融资可以提高公司的财务杠杆,产生税盾效应,从而降低资本成本,提高公司的市场价值。[①] 该理论极端地认为最优资本结构会出现在100%的资本由负债构成之时,忽略了财务风险,因

---

① 潘毅:《资本结构理论概述》,《中国证券期货》2011年第2期。

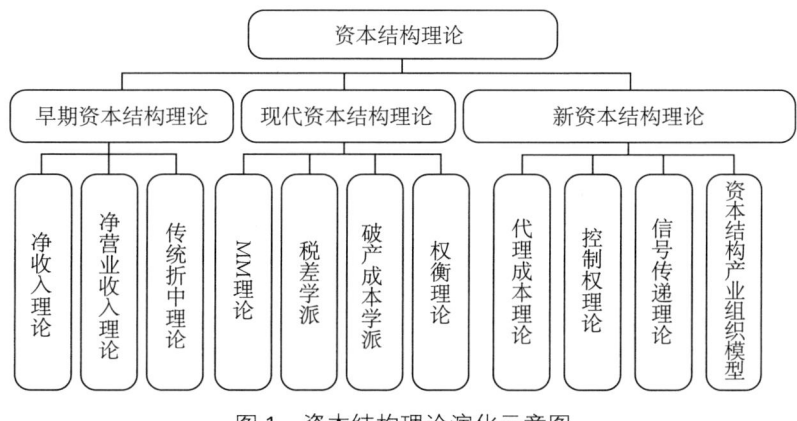

图1 资本结构理论演化示意图

此与现实存在很大的差距,是一种理想情景下的资本结构设想。

(2)净营业收入理论

净营业收入理论认为公司价值并不受财务杠杆变动的影响。该理论具备以下假设条件:企业加权平均成本及负债融资成本均固定不变,企业的经营风险随着负债融资的增加而增加,股东亦可从中要求更多的权益资本收益。基于此,权益资本成本将会随财务杠杆的提高而增加。

(3)传统折中理论

传统折中理论是对上述两种极端理论的中和,较为准确地描述了财务杠杆与资本成本、企业价值的关系。[①] 该理论认为,财务杠杆与资本成本并不存在正相关的关系,每个公司均存在着一个最佳的资本结构,且可以通过使用财务杠杆增殖公司的总价值。

2.现代资本结构理论

(1)MM 理论

1958 年,美国经济学家莫迪利安尼(Modigliani)和金融学家米勒

---

① 蔡乙萍:《公司最优资本结构的理论与实证研究》,西南财经大学 2009 年博士学位论文。

(Miller)在共同发表的《资本结构、公司财务和投资理论》一文中,提出了融资结构理论史上著名的 MM 理论,标志着现代资本结构理论的创建。MM 理论认为,在资本市场充分运行、无税收、无交易成本等假设条件下,资本结构不影响公司价值。MM 理论的重要命题包括股权的预期报酬会随着企业资本负债率的提高而增加;在任何情况下,企业的投资决策完全不受融资工具类型的影响,与股权资本化率无关。[1]

在 MM 理论的基础上,莫迪利安尼和米勒于 1963 年放松了对公司所得税的假设。研究结果表明,由于债务利息的避税作用,"税盾"效用能够增加公司的价值。在公司所得税的基础上,Miller(1977 年)又加入了个人所得税的因素并建立了模型,认为公司债务的税盾利益与个人所得税之间有抵消作用。修正后的 MM 理论的结论和传统资本结构理论中的净收益理论的结论是相同的,但二者研究的出发点不同,假设前提也不同,因此不能相提并论。[2] MM 理论的抽象性是由它非常严格的假设条件决定的。其后的学者受到 MM 理论的启发,逐步放松了 MM 理论的各项假设,发展出了权衡理论、代理理论、优序融资理论、市场时机理论等重要推论,使其更接近于现实的资本市场环境。

(2)权衡理论

权衡理论通过释放 MM 理论完全信息以外的各种假定,考虑在税收、财务困境成本、代理成本单独或共同存在的条件下,资本结构如何影响企业市场价值。[3]

权衡理论认为负债对企业价值的影响具有两面性:一方面,负债可以通过所得税的抵减作用降低权益代理成本进而提高企业价值;另一方面,负债也会带来财务困境,如破产成本及债券代理成本等。[4] 制约企业无

---

[1] 潘毅:《资本结构理论概述》,《中国证券期货》2011 年第 2 期。
[2] 杨长汉:《中国企业年金投资运营研究》,经济管理出版社 2010 年版。
[3] 凌廷友、王甫:《权衡理论和优序融资理论之比较》,《财会月刊》2003 年第 6 期。
[4] 沈中:《现代资本结构理论研究》,http://www.studa.net。

限追求免税优惠或负债最大值的关键因素是,由债务上升而引发的财务风险和资本费用。企业债务增加使企业陷入财务危机甚至破产的可能性也增加。因此,企业最佳融资结构应当是,在企业负债价值最大化和债务上升带来的财务危机成本以及代理成本[①]之间选择最适点,在利息的税收挡板价值与各种财务困境成本之间取得均衡。

3. 新资本结构理论

(1) 代理成本理论

代理成本是由所有者和债权人之间的利益冲突引起的,由企业承担的额外费用。1976年,Jensen和Meckling最先提出了代理成本问题[②],并且将企业代理成本分为两部分:①传统的"委托—代理"关系产生的成本,来源于管理层与股东之间的冲突。主要表现在管理者的"在职消费"倾向、短视行为以及过度投资行为。②在所有权结构中引入债务所产生的代理成本,主要来源于股东与债权人之间的冲突。主要表现在操作股利政策问题、资产替代问题、债权侵蚀问题。

由此可见,债务资本和权益资本都存在代理成本问题,资本结构取决于上述两种代理成本的综合。

(2) 优序融资理论

优序融资理论又称"啄食顺序理论",该理论认为资本结构是由公司为新项目融资时选择的融资顺序决定的。美国经济学家梅叶斯(Myers)和梅吉拉夫(Majluf)于1984年提出的融资理论"啄食顺序"(pecking order)认为,公司理想的融资顺序为内源融资、外源融资、间接融资、直接融资、债券融资、股票融资,即在内源融资和外源融资中首选内源融资,在外源融资中的间接融资和直接融资中首选间接融资,在直接融资中的债

---

① 刘万才:《制度、行为与国有企业资本结构优化》,同济大学2008年博士学位论文。
② 潘毅:《资本结构理论概述》,《中国证券期货》2011年第2期。

券融资和股票融资中首选债券融资。

该理论研究的是,资本结构作为一种信号在信息非对称的情况下是如何影响投资,从而影响筹资顺序的;不同的筹资顺序又会对资本结构的变化产生什么样的影响。如果外部投资者掌握的关于企业资产价值的信息比企业管理层掌握的少,那么企业权益的市场价值就可能被错误地定价。当企业股票价值被低估时,管理层为避免增发新股而采取其他的融资方式筹集资金,如内部融资或发行债券;当股票价值被高估时,管理层将尽量通过增发新股为新项目融资,让新的股东分担投资风险。① 但投资者会意识到存在着信息不对称的问题,因此当企业宣布发行股票时,投资者会调低对现有股票和新发股票的估价,这将导致股票价格下降、企业市场价值降低。投资者担心企业在发行股票或债券时其价值被高估,故而经理人员在筹资时为摆脱利用价值被高估进行外部融资的嫌疑,就会尽量以内源融资方式从留存收益中筹措项目资金。如果留存收益的资金不能满足项目资金需求,有必要进行外部融资时,在外部债务融资和股权融资之间总是优先考虑债务融资,这是因为投资者认为企业股票被高估的可能性超过了债券。因此,企业在筹集资本的过程中,遵循着先内源融资后外源融资的基本顺序。在需要外源融资时,按照风险程序差异,优先考虑债权融资,不足时再考虑权益融资。②

优序融资理论同样也遭到了不少质疑。弗兰克(Frank)和戈雅尔(Goyal)曾对在美国公开上市企业的融资行为(样本数据为1971—1998年间)进行了检验,结果发现股权融资总体上超过债券融资,只有那些大型公司的融资行为表现与优序融资理论一致。具体到我国的上市企业(包括出版传媒类企业在内),其对股权融资呈现出的强烈偏好,恰好是优序融资理论的悖反情形(被称为"倒啄食顺序")。本土资本市场

---

①② 王伟:《我国中小企业融资困境及对策研究》,苏州大学2011年硕士学位论文。

发育的不完善导致发行股票带来的利益大于发行债券,且发行股票的约束又弱于发行债券。发行债券条件的苛刻在一定程度上抵减了债券的税盾效用,因此债券融资较少。研究中国企业资本结构问题,重要的并非套用西方已有的理论框架,或是运用中国企业资本结构的经验数据对上述理论进行实证研究,而是应该将研究的重点放在导致中国企业资本结构形成的内因和外部环境上,发展具有中国本土特色的资本结构理论。

六 创新、选题难度与可行性

创新

1.研究视角创新

已有的上市出版企业投融资研究更多偏重于融资主导型思维,重融而轻投,这直接导致了对投融资问题的割裂认知。本书力图回归到投资主导型思维方式上,同时辩证地看待投融资间的逻辑关系。

2.研究方法创新

本书尝试融汇财务管理学、会计学、金融学的相关理论工具,结合出版传媒上市公司的具体投融资问题进行跨学科分析。试图通过不同学科间前沿性问题的碰撞,以及不同领域内修正理论的集合,重新认识出版上市投融资的常规性问题,以期展现出相对多维的认知。

财务报表和相关披露是对投融资活动最准确的描述性语言。本书试图通过实证分析法,对上市出版企业的公开财报进行数据挖掘,通过翻译会计语言达到分析投融资行为的目的。另外,对上市企业公开的其他相关信息进行描述性统计分析,也是本书的创新点之一。

选题难度

1.数据资料方面

上市出版企业的历史资料不易得,这就导致无法对上市前后的投融资行为进行纵向对比。而且由于缺乏这种数据根基,考量某家公司上市后所公开的财务指标缺乏一定的历史连续性。同时,围绕出版上市企业投融资行为的调研建立在公开财报中的数据信息是真实、公允的假设基础之上,由此不可避免地承担着公开信息不实的风险。

2.实证指标方面

实证研究最困难的地方在于选取能够对投融资行为进行相对精确描述的指标体系。还原投融资行为的原貌不仅要对其进行数据的汇总分析,而且还要对其效度进行评测。如何确定这些实证研究的指标是本书最大的难点。另外,我国出版传媒公司的上市时间较短,其中一些长期投资项目的效度无法于短期内进行评测,同样,涉及中长期债券融资的事项也无法对其进行跨期的追踪,这可能会对本书案例分析的完整性及理论探讨的深度产生影响。

可行性

本书的难点和突破口在于对财务报告的相关项目进行深度分析和数据挖掘,笔者在专业知识结构方面具备一定的会计学和财务管理学常识,同时具备一定的报表阅读能力,这些倘或对选题的进展有所助益。

七 研究方法及总体构思

研究方法

1.规范研究与实证研究相结合

规范研究试图以超越价值判断的第三方视角,相对完整准确地呈现上市出版企业投融资的现状，揭示上市出版企业投融资行为之间的辩证逻辑关系，归纳概括企业投融资的行为模式和运行规律。

实证研究试图弥补规范分析结论的盲点，运用公司财务运行数据、公司治理等数据分析和验证理论假设。对已上市的出版传媒企业进行信息汇总和数理统计，并针对某一具体指标展开专项比对，以描述性统计的方法揭示有可能存在的规律性事实，尝试解释财务数据之间的勾稽关系。

2.定性研究与定量研究相结合

在定性研究的基础上，结合出版上市公司投融资的制度环境，以投融资理论分析出版上市公司投融资决策的应然与实然，探究投融资之间的逻辑关系。在具体操作层面，由于本书涉及对上市企业财务报告的分析，所以势必应用相对精确的定量分析法在所难免。

3.个案研究法

为便于对具体问题进行深度剖析，本书选取具有典型代表性的出版上市公司，对其具体的投融资行为进行追踪，以从中探寻出版企业投融资的一般规律和特殊表现。

4.跨学科研究法

引入财务管理学、会计学、金融学的相关理论和调研方法，通过会计的商业语言还原出版上市公司的投融资行为，并评估其效度，测量其中潜在的风险。

总体构思

本书以出版传媒上市公司为研究对象，围绕其投融资活动中的具体问题组织框架结构。

本书开篇为绪论部分，确定研究对象和研究起点。通过文献综述和理论述评的方式，为书稿撰写奠定理论基础，并交代研究内容与方法等。

余下划分为6个章节,主要内容如下:

第1章通过梳理出版传媒类上市公司的发展历程,总结现阶段的具体问题,为下文针对性地展开问题剖析做铺陈准备。

第2章从出版产业政策变迁和金融市场现状两个角度,对出版传媒上市公司的投融资环境做具体分析。认为随着出版产业政策拐点的到来,出版资本市场和金融市场不仅出现了对接的可行性,且具有相当的必要性和紧迫性。通过对省域资本市场活跃度的调查,考察其与出版业上市积极性的相关度。

第3章按照资金流向的不同渠道探究出版传媒上市公司的投资行为。力求紧密围绕投资活动中的问题结点展开论证,通过相关的理论分析实然存在的合理性,通过具体的募投案例归纳经验与教训。

第4章结合上市资本环境下的两大融资来源,尽可能地将目前出版产业界已经出现的融资方式包罗其中。同样致力于"问题驱动型"研究,以相关融资理论解释出版资本市场的失灵,重新审视我国出版传媒上市公司融资问题的症结与优化方案。

第5章为实证研究部分。通过对出版传媒上市公司所公开的财务报告和文本资料进行个案化解读,提取其中关涉投融资活动的相关数据信息,从实证的角度检验先期对具体问题的经验性认识。在此基础上,审视投资与融资行为的辩证逻辑关系。

第6章在上述章节的基础上,汇总出版传媒上市公司投融资活动中的潜在风险与规避方式。从政策波动、道德风险、财务风险和极端情况下的金融危机角度,分别给出风险规避的路径设计。

第 1 章
出版传媒上市公司的发展历程与特征分析

一 沿革

综观我国已上市的出版传媒类企业,大都脱胎于区域性的出版传媒集团。作为出版传媒上市企业的"母体"和"前身",出版传媒集团在组建过程中积存的历史问题,很大程度上与后来的上市公司所面临的问题有所呼应。将出版传媒集团的发展历程作为研究起点,可以相对明晰地理解当前出版上市公司的发展概况。

对于出版集团的发展历程,目前出版学界有多种划分方式。常见的有两种:其中一种是从宏观的视角把握出版集团发展的阶段性特征,例如 2011 年北京市新闻出版局课题"转企改制后的出版企业加快体制机制创新,建立现代文化企业制度"的研究成果,将出版集团的发展历程按照产业规制的线索概括为转企、股份制改造、上市三个循序渐进的阶段[①];另

---

① 孙瑛等:《出版企业建立现代文化企业制度研究》,《现代出版》2012 年 01 期。

一种是以具体年份为线索,按照产业化程度的强弱予以细分,并且将"出版集团"这一概念的外延追溯到出版业步入产业化经营之前的年份,相较于前一类划分方式更为全面。2001年"中国出版集团研究"课题组的研究成果中,将出版业的集团建设划分为三个阶段[①]:

1990年以前:建立在自愿基础上的、跨地区的松散联合体。这一时期的出版集团主要是以商品销售为纽带的经济联合组织,如成立于1988年的"地方文艺出版社联合发行集团"。此阶段的集团建设动力源自于市场压力而非行政干预,但集团成员之间缺乏纽带的维系,既没有资本的联结,也没有行政的联结,最终在"集而不团"的状态下逐渐瓦解。

1991—1995年:以行政区划为基础,由地方政府批准的、联系较为紧密的企业集团。这一时期的出版集团以行政管辖范围为基础,以行政隶属关系为主、产权关系为辅,按照核心层、紧密层、半紧密层的模式区分集团的成员,开始探索授权经营、现代企业制度等深层次问题。这一阶段的集团除少数有资本纽带外,多数是以行政力量为纽带的。

1996年至今:中央政府批准的、以资产为纽带的国家试点出版集团。以1996年1月新闻出版署批准广州日报报业集团成立为标志,出版集团建设进入国家试点阶段,期间涌现了大批的出版集团、发行集团和报业集团,并开始按照现代企业制度改造集团的母子公司。这一时期是政府主导型集团的最高阶段,也是政府主导的最后阶段。

鉴于该课题的结项时间是2001年年初,而新世纪以来的出版集团建设随着出版资本市场的发展出现了一系列的新动向,由此,作为一种尝试性、拓展性的补充,本节将接续上述研究成果,对上述第三阶段的出版集团发展情况做进一步的细分研究。

---

① 余敏、郝振省等:《中国出版集团研究》,《出版发行研究》2001年第1期。

区域资本逻辑主导的涉市摸索期(1996—2005年)

近年来,随着我国产业结构的布局性调整和地区经济发展水平的差异性增长,我国的区域经济结构开始发生重大转变。区域资本市场作为区域经济的重要组成部分,同时也对区域经济的发展发挥着不可替代的推动作用。这一阶段的出版业发展呈现出两大特点:省际出版业的集团化扩张和区域出版资本的涉市摸索。两条线索共同贯穿了这一阶段出版业的发展脉络。

1997年,中宣部和新闻出版署开始推广出版集团试点工作,批准组建以行政区划为单位的出版集团。随着出版业集团化进程的不断深入,各省的出版集团将原先分散的出版社、新华书店、印刷企业囊括旗下,集编辑、印刷、发行业务于一体,开始统一管理。随着各地出版集团对本省出版市场绝对控制力的增强,出版集团由新生的"空壳化"管理机构一跃成为当地的利税大户、改革标兵和企业重镇。[①] 各地出版集团凭借对本省出版产业链的绝对控制,形成了一个个实力雄厚、生产力发达的区域市场。与此同时,行政区域间由于历史因素形成的既有壁垒又进一步固化了区域出版市场的分割状态。

1999年,经新闻出版署批准,我国第一个国家试点出版集团——上海世纪出版集团挂牌成立。截至2000年12月底,我国已组建全国性试点出版集团6个,[②]笔者对上述试点单位组建后的资产经营状况进行了汇总(如表1所示):

[①] 刘伯根:《出版集团战略投资论》,新星出版社2011年版,第107页。
[②] 余敏、郝振省等:《中国出版集团研究》,《出版发行研究》2001年第1期。

表 1　1999—2002 年国家试点出版集团运营状况一览表①

试点集团	成立日期	所属出版社和法人单位	经营业务	资产及销售情况统计	经营发展模式
上海世纪出版集团	1999.2.24	上海人民出版社、上海教育出版社、上海译文出版社、汉语大词典出版社、上海书店出版社、上海图书公司	书、报、刊、电子读物、音像制品的出版以及电视、文化用品、广告、书画拍卖、印刷、发行等	总资产5亿元，年出版图书3000种，2002年净资产比1999年增长了71.2%，利润增长了46.8%	单法人模式，核心层只有一个，集团参照现代企业制度，以出版管理和资产经营为重点，通过优化资源配置、扩大经营规模、多种媒体互动实现规模经营
北京出版集团	1999.7.6	北京出版社、北京教育出版社、北京少年儿童出版社、十月文艺出版社、北京美术摄影出版社、北京电子音像出版社、文津出版社、《十月》《父母必读》《少年科学画报》《北京卡通》	图书、印刷材料、商贸、电子音响等	总资产2.9亿元，1999年销售总码洋完成4亿元，实现利税5000万元	该集团与北京出版社的领导班子是"一套机构，两块牌子"，集团实行党政统一领导，编辑方针及选题统一审定，经济上各部门分级核算
广东出版集团	1999.12.22	广东人民出版社、广东教育出版社、广东科技出版社、花城出版社、广东经济出版社、广东海燕电子音像出版社、广东教材出版中心、广东现代出版物资有限公司、广东光彩印务有限公司	图书、报刊、音像制品、电子出版物的出版、印刷、发行为主业，编印发一条龙，产供销一体化，兼有教学科研、物资供应、物业管理等	2001年实现销售收入11.5亿元，较2000年增长21.05%；利润总额同比增长6.9%，总资产为16.7亿元，同比基本持平，净资产11.8亿元，同比增长24.21%	推动经济体制和经济增长方式的根本转变，走产业化、集约化、效益化、现代化的发展道路

①　根据《中国出版年鉴》汇总统计得出。

(续表)

试点集团	成立日期	所属出版社和法人单位	经营业务	资产及销售情况统计	经营发展模式
辽宁出版集团	2000.3.9	辽宁人民出版社、辽宁教育出版社、辽宁科技出版社、春风文艺出版社、辽宁少儿出版社、辽宁发行公司、辽宁印刷公司等22家	图书、期刊、报纸、音像制品、电子出版物、图书批发、市场零售、图书物流配送、网上结算、房地产等	2001年总资产17.4亿元,比上年增长了16.18%,年销售收入比上年增长15.8%,利税额比上年增长13.77%	多法人模式,即先建立几个具有独立法人资格的子集团,再将子集团集中起来,实行内涵发展的模式
中国科学出版集团	2000.6.25	中国科学技术大学出版社、科学出版社、北京中科希望软件股份有限公司、科海新世纪书局、北京中科进出口公司、《中国科学》杂志社	出版发行图书、期刊、电子出版物、音像制品、版权贸易,兼营印装材料及有关设备贸易、仓储运输、广告业务等	2002年整体收入达到7亿元,比2000年增长50%	法人联合体,集团没有法人资格,唯一一家跨地区的集团,以网络技术为手段,以资产联合为纽带,实现超常规、高效益、低成本的扩张
山东出版集团	2000.12.20	包括11家出版单位、5家直属印刷厂、123家省地县区新华书店,共146个独立法人单位	编印发图书、期刊等,以图书的出版为主	2001年销售收入61.55亿元,比上年增长1.17%,总资产42.4亿元,年出版图书2795种	以山东省出版总社为基础,遵循内涵为主、外延为辅的扩大再生产方针

通过对6家试点出版集团成立时间前后的资产及销售情况进行纵向对比发现,各家的资产运营指标在集团组建后的次年均有较大幅度的增长。区域性出版集团的出现预示着中国出版行业迎来了结构性调整和经营方式转变的契机。这一阶段以国家行政力量主导的、以资产为纽带的集团化进程深刻改变了中国出版业的生态,尤其改变了先前出版结构的单一原子形态,各地区通过探索集团型企业的建制道路,加快了出版资源的流动,盘活了资本存量,初步实现了资产的保值增值。

早在2000年以前,国有出版单位囿于事业体制和政策,并不能够光明正大地上市融资。2000年以后,随着新闻出版业改革的深入和政策的松动,一些出版单位将经营业务与采编业务剥离,成立了与采编业务相关的广告、印刷、发行公司,并通过这些公司在上市融资方面进行了一些尝试和探索。[①] 在区域资本逻辑的驱动下,这一阶段大致出现了4家出版传媒上市企业。分别是1998年民营出版第一股"诚成文化"、2000年第一家借壳上市的传媒企业"博瑞传播"、成立于2000年的"赛迪传媒"以及2004年首家在香港上市的内地传媒企业"北青传媒"。上述4家出版传媒上市企业,除"诚成文化"在股份结构中出现过出版集团参与决策经营的背景外,其余3家都脱胎于地方报业企业。这一阶段出版企业的涉市摸索由于缺乏相关经验及大型出版集团的支持,在发展过程中遇到了诸多瓶颈,但也为后一阶段的以省域出版集团为主体的上市之路提供了经验。

省域出版集团主导的裂变重组期(2006年至今)

随着上一阶段省域出版集团的规模化扩张及资本积聚,我国出版业对于进军资本市场的诉求越来越强烈。作为地区性的出版集团,其冲破省域经济的发展藩篱,成为公众公司的意愿也越发强烈。2006年,原新闻出版总署出台的《关于深化出版发行体制改革工作实施方案》提到,"积极推动有条件的出版、发行集团上市融资""鼓励出版集团公司和发行集团公司相互持股,进行跨地区、跨部门、跨行业并购重组,建立必要的经营性分支机构"。明确的政策信号使得这一阶段的出版企业上市热情达到了前所未有的高度。

截止到2009年5月,全国先后组建了26家省级出版集团公司,24家发

---

① 范军:《出版传媒企业上市录》,http://news.xinhuanet.com/newmedia/2012-02/15/c-122704320.htm.

行集团公司。其中17家集团公司实现了转企改制,平均总资产增长66.2%,利润总额增长25.3%。上市的11家出版、报业、发行等公司市值达到2 000多亿元,净融资达到240多亿元。① 笔者对近年来以出版、发行为主营业务的传媒上市公司情况进行了汇总,如表2所示:

表2 已上市出版传媒集团基本信息汇总表

出版集团	股票名称	上市方式	上市地	所在省域	上市时间
上海新华控股发行集团	新华传媒	借壳	上交所	上海	2006.8.1
四川新华发行集团	新华文轩	IPO	港交所	四川	2007.5.30
北方联合出版传媒集团	出版传媒	IPO	上交所	辽宁	2007.12.21
安徽出版集团	时代出版	借壳	上交所	安徽	2008.7.31
安徽新华发行集团	皖新传媒	IPO	上交所	安徽	2010.1.18
江西出版集团	中文传媒	借壳	上交所	江西	2010.8.3
湖南出版集团	中南传媒	IPO	上交所	湖南	2010.10.28
江苏凤凰出版传媒集团	凤凰传媒	借壳	上交所	江苏	2011.11.30
中原出版集团	大地传媒	借壳	深交所	河南	2011.12.30
湖北长江出版传媒集团	长江传媒	借壳	上交所	湖北	2012.3.26

考量上述企业的上市时间发现:2006—2007年共有3家出版传媒企业上市。2008—2009年受全球金融危机的影响,传媒业的上市进程有所放缓。直到2010—2011年的两年间,传媒业才迎来了上市的高潮,先后有9家企业上市,其中以出版发行为主营业务的企业有5家;在上市方式的选取方面,有6家选择了借壳上市,另外4家则选取了上市成本(时间成本及经济成本)相对较高的IPO方式;至于上市地点,除了新华文轩于港交所上市,大地传媒在深交所上市外,其余几家出版传媒企业均选择了上交所上市;关于上市公司所在省域,表2中汇总的出版传媒上市公司基本上保持着每省一家的数量,唯独安徽省出现了"双黄蛋"。不仅如此,

---

① 邬书林:《积极应对金融危机 努力加快出版发展》,《中国出版》2009年第9期。

时代出版与皖新传媒共同作为"文化皖军"的主力,二者在资产、盈利规模等方面也酷似"双胞胎"。

除表2中汇总的省域出版集团公司外,还有个别如天舟文化这样在创业板上市的地方民营企业,此不尽述。综观表2汇总的已上市出版传媒企业,这一时期的省域出版集团经过前一阶段的发展积累,已经具备了相当的资本扩张及业务重组的驱动力,加之2006年以来相关产业政策的明朗化,出版资本市场终于迎来了迟到的春天。这一阶段以省域出版集团为主导的上市进程,由于各个主体选择了不同的上市方式,所以呈现出不同的发展特点。但无论是IPO还是借壳,作为传统行业属性的出版集团,意图在资本市场中保有持续的盈利增长能力,不仅要依靠兼并重组等外延式扩张来增强企业竞争力,关键还要靠出版业自身的市场化运作和数字化拓展。唯有以主业为核心开辟辐射式的内涵式发展道路,才能屹立于资本市场。

二　特征

脱胎于事业单位,由出版集团改制重组而来的出版上市企业,无论在价值观还是运作方式上,都或多或少存在着"路径依赖"的痕迹。这种路径依赖意味着初始的选择对制度变迁有着相当强的影响力和约束力,即一旦确定了某种选择,就会对其产生依赖性,且这种选择具有自我强化及积累放大的效应。根据拜伯切克(Bebchuk)的路径依赖理论,有两种不同形式的路径依赖:一种是结构驱动的(structure-driven)路径依赖,一种是规则驱动的(rule-driven)路径依赖。[①] 所谓"结构驱动型路径依赖"强调,初始所有权模式对以后的所有权模式将产生直接影响。其对公司治

---

① 高诚毅:《出版改革与路径依赖》,《出版科学》2005年第4期。

理模式的存续产生影响,主要出于效率和寻租两个方面的原因。"规则驱动型路径依赖"是指,公司治理与投资者、利益相关者和经理人员之间以及他们内部关系的所有法规,不仅包括传统意义上的公司法,而且包括证券法和治理破产、劳工关系及金融机构的法律的相关部分,它们本身是有路径依赖的。[①] 笔者根据当前出版传媒上市企业的运营现状总结出了六大特征,其中前两个特征源于结构驱动型的路径依赖,即由出版行业历史格局所引致的现实瓶颈,因此在研究对象的称谓上多采用"出版集团"的措辞;后四个特征则源于规则驱动型的路径依赖,即出版传媒企业上市后触发的一系列症候,在研究对象的称谓上多选用"出版上市公司",特此交代。

转企改制与股份制改造双管齐下

1.转企改制的历程与攻坚

出版业的转企改制肇始于20世纪90年代。2003年,全国文化体制改革进入试点期后,转企改制进程加速。2005年11月,上海世纪出版集团率先引入现代企业制度,并同步完成企业化和股份制改革,发起成立了全国首家股份制出版集团——上海世纪出版股份有限公司。此后,各地的出版集团和出版社也根据各自情况,制定转企改制方案。[②] 2008年6月,原新闻出版总署推出了关于要求包括出版集团在内的所有出版企业,3年内必须完成转企改制和股份制改革任务的路线图和时间表。在此政策推动下,2008年有50家中央在京出版社、20多家高校出版社先后完成改制工作。2009年出版社转企热潮继续发酵,宁夏人民出版社、四川出版集团、云南音像出版集团等各地方出版单位均成功完成转企。2010年至2011年,全国出版产业转企改制基本完成。

转企改制中涉及的人员身份转变与资产授权是两个最为关键的课

---

① 赵玲:《公司治理的路径依赖及其对公司治理演进的影响》,《法学杂志》2010年第10期。
② 陈昕:《解码中国出版业集团化建设》,《中国图书商报》2008年10月28日。

题。其中,人员身份的转变作为转企改制的难点,包含着两层含义:首先,集团负责人不再是政府官员身份,而是对国有资产保值增值承担责任的经营者;其次,在制定普通员工身份转换的调整方案时,应当兼顾公平与效率,采取差异化、人性化的措施,为转企改制的有效推行提供人力资源保障。汇集现有出版上市企业的股票论坛信息发现,在人员转制的具体实践中,虽然成绩是主流的,但个别的冲突和矛盾在所难免。有些企业因人员安置不当导致的历史遗留问题,甚至影响到后来出版上市公司的市值及企业形象。

在实施转企改制的初期,大部分出版集团都选择了"事业单位、企业化管理"的过渡性管理体制。这种不彻底的改革所引发的产权不清晰、出资人不明确等现象严重制约了出版生产力的进一步释放。国有资产经营授权的缺失使得出版集团不可能进行资本的经营与运作,即不能成为真正的市场主体。唯有通过国有资产授权,才能实现真正意义上的转企。在这一点上,业界虽然早已达成观念上的共识,但鉴于出版行业的意识形态属性,导致其比其他性质的国有资产授权经营略显复杂。从已经实现转企改制的出版集团操作路径来看,出版业的国有资产经营授权模式主要分为中央政府授权(中国出版集团)、地方政府授权(各地方出版集团)、国有资产有限责任公司授权(中国科学出版集团、上海世纪出版股份有限公司)三种模式[①]。通过上述不同形式的授权途径,一方面使得出版企业的产权趋于明晰化,另一方面也使得集团公司和旗下各成员单位之间的关系更加紧密。

出版集团在组建过程中,多有赖于行政力量的催化作用。然而,作为一种弑父情结和二律背反,摆脱过多的行政干预又成为当下出版上市企业改革的目标之一。国有资产通过授权的方式从理论上可以解决产权问

---

① 陈昕:《解码中国出版业集团化建设》,《中国图书商报》2008年10月28日。

题。但随之而来的问题是,行政机关可以摇身一变,由上级行政单位成为资产所有者,从而以新的身份对企业进行干涉。因而,国有资产授权极有可能成为行政机关干预企业的新护身符。①

2.后股权分置时期出版业的股份制改造

2005年,上市公司股权分置改革试点正式启动。股权分置问题作为我国证券市场长期存在的发展瓶颈和制度性缺陷,不仅使上市公司及大股东不关心股价的涨跌,不利于维护中小投资者的利益,也越来越影响到上市公司通过股权交易进行兼并重组,从而达到资产市场化配置的目的。股权分置改革后,取消受限股票的流通限制进而实现全流通成为深化股改的重要命题,但证监会出于减小股市震荡的考虑,要求大股东分期、分批上市流通。我国出版传媒企业选取的上市时机基本上已是"股权分置改革后"时代,鉴于该行业的特殊属性,虽有个别企业如出版传媒、时代传媒、皖新传媒从涉市之初就选取了全流通的制度设计,但其余大多数出版传媒股在全流通的实践方面还是选择了相对谨慎的态度,即受限流通②的股份比例占据了绝对多数。

笔者根据本书撰写期间出版上市公司的股权构成情况,调查研究后发现,截至2013年6月30日,8家出版上市公司的股本构成及数量分布如表3所示:

表3 出版上市公司股本构成及数量分布一览表(单位:亿股)

股票名称	总股本	限售股份	流通A股
凤凰传媒	25.45	18.86	6.59
中南传媒	17.96	13.98	3.98
长江传媒	12.14	8.64	3.50

---

① 吴信训、金冠军、陈梁、王潞明主编:《中国东西部传媒经济研究》,上海大学出版社2004年版。
② 经济学界一直存在是否允许国有股上市流通的争论。反对国有股和法人股上市流通的理由主要有三个方面:一是"股市崩盘论",二是"股权转移论",三是"权力公平论"。

(续表)

股票名称	总股本	限售股份	流通A股
皖新传媒	9.10	0	9.10
中文传媒	6.59	4.71	1.88
出版传媒	5.51	0	5.51
时代出版	5.06	0	5.06
大地传媒	4.40	3.52	0.88

从表3中可以看出,不同上市公司的总股本数有着较大差距。上市公司将其全部资本划分为等额股份,并在核定的股本总额范围内,通过发行股票的方式筹集资金,股东则以其所认购的股份对公司承担有限责任。其中凤凰传媒、中南传媒、长江传媒、中文传媒、大地传媒的流通受限股份比例均在50%以上。而目前实现全流通的出版上市公司如皖新传媒、出版传媒、时代出版,其总股本数则普遍偏小。由于我国大部分出版上市企业都由国有企业改制而来,因此,国有股通常在此类公司股权中占据较大比例。国家股、国有法人股并不上市流通,却占据着绝对比重,所谓的"上市"其实只是股份公司发行的一小部分股份在流通。目前的传媒业界虽有探索"黄金股"①的呼声,但距离付诸实践仍有很多瓶颈需要突破。对于出版上市企业来讲,流通受限股份代表的是不能自由流动的出版生产要素。在未来的出版上市公司股份改造过程中,唯有保持合理优化的股权结构,才能实现产业发展的预期效果。

我国出版企业在上市之前大都经历过股份制改造,或者说为了达成上市目的而不得不进行股份制改造。这种情形下的股份制改造有两重含义:一是包括母公司在内的各集团成员进行股份制改造;二是母公司向各子公司进行参股以及成员之间的相互参股,搭建出版集团内部的资本流

---

① "黄金股"不同于普通股和优先股,它不代表任何财产权利。"黄金股"的股东(一般为政府)掌握着公司一些重大经营决策中的"一票否决权"。

动平台。① 其中,成员企业的股份制改造是基础,母公司的股份制改造则是关键。作为法人代表,母公司具有全面参股或控股的特殊地位,同时它也是未来所构建的出版传媒上市企业的投融资决策中心。从目前出版上市公司的现状来看,大多数企业属于股权相对集中型,具体情况如表4所示。鉴于各大出版集团之于各自出版上市企业的绝对控股地位,以当前出版集团的历史遗存问题为切入点审视出版上市企业在发展中呈现的特征,应当是个较为理想的视点。

表4　出版类上市公司大股东持股情况一览表

上市公司股票简称	控股股东	实际控制人	实际控制人持股比例
凤凰传媒	江苏凤凰出版传媒集团有限公司(72.10%)	江苏省人民政府(持有江苏凤凰出版传媒集团有限公司比例:100.00%)	72.10%
中南传媒	湖南出版投资控股集团有限公司(64.69%)	湖南省人民政府(持有湖南出版投资控股集团有限公司比例:100.00%)	64.69%
中文传媒	江西省出版集团公司(74.00%)	江西省人民政府(持有江西省出版集团公司比例:100.00%)	74%
时代出版	安徽出版集团有限责任公司(57.08%)	安徽省人民政府(持有安徽出版集团有限责任公司比例:100.00%)	57.08%
大地传媒	中原出版传媒投资控股集团有限公司(75.78%)	河南省人民政府国有资产监督管理委员会(持有中原出版传媒投资控股集团有限公司比例:100.00%)	75.78%
长江传媒	湖北长江出版传媒集团有限公司(58.49%)	湖北省财政厅(持有湖北长江出版传媒集团有限公司比例:100.00%)	58.49%
出版传媒	辽宁出版集团有限公司(73.14%)	辽宁省人民政府(持有辽宁出版集团有限公司比例:100.00%)	73.14%
皖新传媒	安徽新华发行(集团)控股有限公司(75.40%)	安徽省人民政府[持有安徽新华发行(集团)控股有限公司比例:100.00%]	75.40%

数据来源:上市公司2012年财务报表。

---

① 阳松谷:《出版集团转企改制和股份制改造策略分析》,《出版发行研究》2008年第11期。

综观我国出版集团的股份制改造进程,从2005年出现首家股份制出版集团,到2008年政策驱动该进程的加速,可以说我国出版业经历了一场强制性的制度变迁。按照企业发展的一般性逻辑,股份制改造本应建立在相对成熟的现代企业制度环境下,应当是一个自然选择、自发成长的路径规划。但具体到我国出版业,这一进程不仅被规制性地提速了,而且还与转企改制的进程合并成为一步走。故期间可能存在着股份制改造模式的千篇一律、细节处理不够科学规范等弊病。

在出版业实现由产业经营向资本运营的跨越过程中,转企改制是基础,股份制改造则是关键。然而,从我国出版业的实践历程来看,一定程度上存在着转企改制与股份制改造的"齐步走"现象,这种毕其功于一役的做法虽然大大缩短了出版业的改制进程,避免了漫长的改革"阵痛",但其过程难免有粗糙、遗憾之处,期间某些双管齐下式的跃进做法甚至给后来的出版上市企业埋下了无法持续发展的痼疾和隐患。作为出版集团的历史遗存问题,由转企改制和股份制改造导致的"结构型驱动的路径依赖",一方面根源于我国初始的所有权模式,另一方面也是出版传媒业的意识形态属性使然。这种路径选择的惯性所导致的"行政层阶遗存""国有股一股独大"等现象,同样也是困扰其他行业国有股控股企业的症结所在。在很大程度上,我国出版业的股权问题、转企改制及法人治理结构问题是相互缠绕的,此问题的解决往往有赖于彼问题的突破,是一盘停滞却未央的棋局。

省域布局降低出版资源的配置效率

自新中国成立以来,我国出版业的省域分布格局一度随着市场竞争的加剧而逐渐板结化。由于行政区划间的天然壁垒,每一省的出版集团几乎都是全然自足的法人联合体,但其内部资源的共生性、关联性、互补性却相对缺失。加之单体出版社业务高度同构致使省际出版集团间的差异性微乎其微,从而导致某集团在该省一家独大,各出版集团大有"老死不相往来"的架势。由于缺少整体的产业布局、区域经济规划的理念和运作,全国各省区出版产业发展特色不鲜明,产业结构难以优化,区域性经济分工协作难以开展。上述因素导致我国出版产业在国民经济中的贡献力和国际市场上的整体竞争力明显不足。

当前的出版上市企业几乎保持了其前身出版集团省域化布局的原貌,维持着每省一家的数量。尽管安徽等某些省份有所突破,但总体上,各省的出版上市企业仍旧是原有出版集团裂变、增生的产物。综观当前我国出版资源的结构性缺失,主要体现在出版和发行两个环节。

1.出版资源的结构性失调

出版环节的结构性失调主要体现在书号资源配置、出版社结构、出版物结构[①]三个方面。其中,书号资源作为出版物生产的准入性门槛,这种行政性干预很大程度上影响了出版资源的结构性布局。宏观分布的均衡性很大程度上制约了局部出版生产力的有效释放。

我国出版社的结构大体上可以分为中央部委所属出版社、地方出版社、大学出版社三大类。[②] 中央部委所属出版社按照每个直属单位配给至少一家出版社的原则,目前该类型的出版单位有200家左右,其中根据主管单位的性质以及专业分工又可分为社会科学综合类、法律类、科技类、军事类等;地方出版社则体现出较大的重构性,基本上都是由人民、教育、文艺、美术、古籍、少儿、科技等类型社组成;近几年随着高校合并的风潮,大学社的数量呈浮动状态,截至2010年,我国共有大学出版社103家。从地区上看,我国出版社最集中的地方当数北京,有220家左右;其次是上海,有近40家;其余各省的出版社数量大体相当,都在十几家左右。如此的条块排列组合,成了我国当下出版社区域分布的基本格局。

[①] 肖明:《新形势下我国出版业发展中的问题与对策》,国防科学技术大学2005年硕士学位论文。
[②] 曾庆宾:《中国出版产业发展研究》,暨南大学2003年博士学位论文。

出版物结构的不合理,突出地表现在教材、教辅占用出版资源的比例过大,出版利润驱动的相对单一化。由于教材、教辅市场的高利润,致使各家出版单位都想从中分一杯羹。目前全国有400多家出版社参与教辅读物的出版工作,平均每年教辅读物的码洋高达200亿元,占整个图书出版市场码洋的25%左右。教材教辅基本由各省出版集团出版、新华书店系统发行,各省之间的竞争不够充分,省份割据和地方保护明显,形成了多年的垄断资源。而出版范围的高度相似性、过度的同质化竞争又使得出版物的整体质量逐年下滑。如此单一而重构的出版结构不利于我国出版市场持续健康的发展。

笔者根据8家出版上市公司公布的2012年度报表,对其各自的主营业务情况做了一番调查后发现,除去皖新传媒、出版传媒的一般性图书收入,以及中文传媒的物资贸易业务收入略超过其当年教材教辅的业务收入额外,其余的上市公司如长江传媒、时代传媒、中南传媒、凤凰传媒、大地传媒的教材、教辅收入比例均占据了主营业务收入总额度的绝对比例。表5是根据长江传媒2012年度主营业务的明细情况制作的"业务收入—成本额度"及比例分析表。其余7家出版上市公司的情况不再一一展示。

表5 长江传媒2012年度主营业务明细分析表

主营业务明细	主营收入(万元)	收入比例	主营成本(万元)	成本比例	利润比例	毛利率
教材教辅	208 454.66	59.80%	151 664.55	64.35%	50.31%	27.24%
一般图书	115 155.52	33.04%	80 937.41	34.34%	30.31%	29.71%
期刊杂志	15 146.41	4.35%	9 934.33	4.22%	4.62%	34.41%
音像制品	3 116.50	0.89%	2 063.13	0.88%	0.93%	33.80%
数码产品	888.45	0.25%	766.59	0.33%	0.11%	13.75%
印装业务	25 852.95	7.42%	22 081.12	9.37%	3.34%	14.59%
纸张、印刷耗材等	71 099.09	20.40%	69 088.42	29.31%	1.78%	2.83%
其他	2 424.99	0.70%	1 747.42	0.74%	0.60%	27.94%
合并抵销数	106 066.68	30.43%	106 268.87	45.09%	0.00%	-0.19%
合计	336 072.29	96.41%	232 014.11	98.45%	92.18%	30.96%

近年来,随着中小学教材发行招投标政策的实施,这种区域性垄断、条块分割的现状将有望被打破。随着国家公共财力的增长,政策层面一旦实现对教材的政府采购、免费发放或循环使用,那些只依赖中小学教材的出版单位,如不积极拓展新的业务领域,将会面临严峻的生存危机。①鉴于上述情形,对出版物结构进行科学的调整和引导,缓解出版资源结构性冗余与结构性短缺并存的尴尬局面,已经成为当前出版管理部门以及包括出版上市公司在内的众多出版单位,需要审慎面对的战略转型问题。

2.发行环节的省域壁垒

发行环节同样存在着区域壁垒问题。由于历史原因,我国出版产业的布局带有明显的地域特点,具体表现在产业布局与行政区划的高度一致性,以及产业贸易中严重的地方保护主义倾向。由于长期受限于行政区域的分割,国内出版资源的流动性极差,很多有实力的省级出版发行集团甚至出现"有钱花不出去"的局面,无法实现跨地域的并购壮大。通过表 6 出版上市企业的地区销售额分布情况就可以清楚地勾勒出这种壁垒:

表6 2011年出版上市企业地区销售情况②

上市公司 股票简称	公司所属 行政区域	销售地区	地区销售额 占业务收入比例	
凤凰传媒	江苏	江苏省	出版 40.07%	发行 76.59%
		海南省③	26.90%	4.52%
		其他地区	0.07%	1.44%
中南传媒	湖南	湖南省内	82.26%	
		湖南省外	16.12%	
中文传媒	江西	——	——	

① 蔡翔:《新时期我国大学出版社发展的经济特征》,《出版发行研究》2007 年第 8 期。
② 蔡翔、陆颖:《我们出版的方向——深化出版体制改革问题研究》,中国传媒大学出版社 2014年版。
③ 2008 年江苏凤凰出版传媒集团旗下的江苏省新华发行集团重组海南省新华书店集团公司,成立海南凤凰新华发行有限公司。

(续表)

上市公司股票简称	公司所属行政区域	销售地区	地区销售额占业务收入比例
时代出版	安徽	安徽省内	85.65%
		安徽省外	12.48%
大地传媒	河南	河南省内	59.25%
		河南省外	38.11%
长江传媒	湖北	湖北省内	81.03%
		湖北省外	15.71%
出版传媒	辽宁	辽宁省内	59.98%
		辽宁省外	37.43%
新华传媒	上海	上海	96.04%
		江苏	0.20%
皖新传媒	安徽	安徽省内	93.44%
		安徽省外	2.82%
天舟文化	湖南	湖南省内	71.68%
		湖南省外	28.31%

近年来,随着出版资本市场的复苏和一批发行集团的成立及上市,这一格局正在逐步被打破。既有的封闭型"省域市场"和块状化出版结构正在消解,一些效益不好的单体出版社将在市场竞争中被淘汰出局。一些具备资金优势、渠道优势的发行集团通过回溯至上游出版内容生产环节的方式,利用其渠道优势实现内容产业的超额经济收益。相较而言,限于特定地域之中难以突围的出版集团向发行领域的进军则显得困难重重。因而有学者认为,未来出版界的内容与渠道之争,很可能在出版集团与发行集团之间首先打响。

1996年,陈昕在《图书市场呼唤中盘雄起》[①]一文中首次提出了"出版中盘"一词。10年后,四川新华文轩出版传媒股份有限公司在全国范

---

① 陈昕:《图书市场呼唤中盘雄起》,《中国图书商报》1996年11月13日。

围内率先开发了连接出版机构与零售商的桥梁式服务——中盘业务。其通过"按需发货、少发勤添"的模式,致力于在控制商品库存的同时满足市场的及时需求。目前的出版界缺乏"一呼百应"式的中盘,一些出版企业不得不以城市为单位逐个寻找能够合作的图书批发商,或是直接对零售店(图书卖场)一家家地发货,既当出版商又当中盘商,发行费用及成本极高。全国性中盘建设的瓶颈在于当下区域市场的行政分割。各地新华系在本地域对书业中盘的掌控,有着天然的优势和决定性话语权,这既是未来大中盘建设的基础,又是一种局限。①

自2006年至今,新华文轩根据中小出版社与经销商之间缺乏中盘连接的现实,在全国25个省级城市成立了分销公司,致力于打破发行市场的区域封锁和地方垄断,建设全国性的大中盘。作为内地首家进入国际资本市场的图书发行零售企业,新华文轩于2008年以1.86亿元成功收购安徽新华发行集团7.79%的国有股权。四川新华文轩一直以"建设和完善面向全国、涉足境外的出版物营销网络体系"为战略目标,而这与安徽新华发行集团上市的基本构想不谋而合,这种战略发展目标的一致性大概也是新华文轩在诸多投资者的角逐中最终胜出的重要原因。安徽新华通过合计转让28.57%股权的方式,引入了包括新华文轩在内的5家内资战略合作者。作为文化体制改革的试点单位,安徽新华在转让股份的当年正计划整体上市。此举作为安徽新华完成股份制改造工作的第一步,同样也为之后的上市之路开辟了跨地域合作的通途。通过此次收购,两家省域出版企业预期获得协同效应,在出版、物流、批发及零售等领域互相合作,放大资源整合的优势。

---

① 马莹:《"泛中盘"纷起 洗牌还是翻牌?》,《中国图书商报》2011年11月25日。

高管薪酬与绩效评价缺乏相关性考核机制

1.高管薪酬水平与锦标赛理论的适用

《中国薪酬发展报告(2011年)》显示,"十一五"期间,上市公司高管年薪平均值由2005年的29.1万元增加到2010年的66.8万元,平均每年递增18.1%。其中2011年央企负责人的薪酬平均水平为72万元,且部分行业企业高管年薪已达上千万元。以上薪酬指标作为一种参照,是反观出版行业薪酬水平的一个观测点。笔者通过调查汇总2012年度出版上市公司高管薪酬情况,得出表7①。从表7中可以看出,中南传媒和中文传媒的高管薪酬水平显著高于其他几家上市公司,出版传媒则相对落后。但从整体看,出版上市公司高管年薪均值要显著低于前述其他行业上市公司高管薪酬的历史年份均值。这也从侧面印证了当前出版上市公司的中高管阶层对薪酬结构不甚满意的现状。

表7 2012年度出版上市公司高管薪酬情况一览表

股票名称	董监事及高管总人数(个)	领取报酬人数(个)	期内报酬总数(万元)	前三名董事报酬(万元)	前三名高管报酬(万元)	最高报酬(万元)	年度企业净利润(亿元)
凤凰传媒	17	11	338.05	154.5	154.5	51.5	93.2
中南传媒	20	18	874.76	201.73	251.26	115.65	92.1
中文传媒	24	21	668.31	232.82	232.82	89	51.9
长江传媒	17	15	312.27	99.13	115.77	45.83	32.6
时代出版	21	19	494.18	133.05	133.11	46.89	31.7
皖新传媒	15	13	375.79	122.52	133.88	51.77	50.2
大地传媒	18	14	342.25	132.5	132.5	46.4	18.8
出版传媒	16	14	295	101	101	37	68.1

---

① 鉴于每家公司的前三名重要董事和重要高管的身份并不全然重合,所以薪酬总量亦不吻合。

锦标赛理论认为,经营者薪酬差距的加大有利于提高公司绩效,薪酬水平和薪酬差距决定了激励的强度。锦标赛理论的契约事先设定好总的报酬水平,其报酬结构中包含了胜出者和失败者两种层级,即只有胜出者能够获得高报酬,其他人则获得低报酬,由于这一报酬设计的灵感来自于网球锦标赛,所以被称为锦标赛理论(Tournament Theory)。

有学者曾根据2010年传播与文化产业24家上市公司的年报数据,进行高管薪酬与公司绩效的相关性研究,发现该行业上市公司高管薪酬与公司绩效呈现出弱负相关,和公司规模呈现出显著的正相关,同公司管理费用的支出呈显著负相关。此处"高管薪酬与公司绩效的弱负相关"表明:企图通过提高经营者薪酬差距,提供较强的竞争激励来提升公司业绩,这种方法在目前的出版传媒行业内是不适用的。其中"高管薪酬和公司规模呈现出显著的正相关"这一观点基本上可以通过表7得到印证,虽然从企业的纵向对比来看,并非拥有最高净利润总额的企业高管就必然拥有最高额的薪酬回报,但总体来看,这两大指标仍然存在着毋庸置疑的正相关性。至于"管理费用与高管薪酬的显著负相关"现象则说明,当薪酬激励不足时,高管确实有可能加大职务消费。

目前,文化产业上市公司的法人治理结构还不够完善,尤其是在国有控股比例较高的情况下,内部人控制的情况更为严重,董事会成员大多为行政干部身份转换而来,很多公司董事长、总经理等主要由国有资产监管部门的官员代表和原企业的领导人员担任,主管部门对公司高管任免起主导作用,监事会和独立董事很难发挥其应有的作用,高管在这种缺乏监督约束的情况下,滋生道德风险的可能性也随之增加。[①] 企业价值的实现目标与企业代理人的选择和制约方式存在矛盾。在现行媒介制度下,出版上市企业的产权代理人既缺少企业家追求利润最大化的

[①] 刘志杰、朱静雯:《传播与文化产业上市公司高管薪酬与公司绩效相关性研究》,《出版科学》2011年第5期。

内在动机,又缺少出资人的有效监督和破产压力,因而在约束和监督代理人的行为时,难以发挥市场化的契约精神,只能或多或少使用行政思维和手段。①

对于经营者的激励,委托代理理论认为,"由于代理人的努力投入难以观测或者观测成本太高,因而,容易产生道德风险问题从而偏离委托人的利益……为了使两者的利益一致,委托人应该将代理人的报酬与最终产出联系起来,并设计一个合理的联系程度,在满足代理人激励兼容约束和参与约束的情况下,最大化委托人自身的利益"。在高管薪酬与企业净利润之间建立相应的比值联系,可以有力地激励高管工作的努力程度,这一比值应该根据行业的不同和资产的多少来定,但是其比值应当适中,过大就会激励过度,使股东利益受损,过小则激励不足,难以完全调动高管的积极性,不能实现企业效益的最大化。② 表7虽然汇总了各大出版上市公司的高管薪酬情况及企业年度净利润数,却没有得出此比例,主要原因恰在于各公司的"高管"人数不尽相同,且董事会成员与高管两套领导体系的人员组成亦不完全重合,而选取"最高报酬"数值进行比对又不能全然代表该公司薪酬的总体真实水平。所以在定位"高管"名单方面需要通过进一步的遴选以保证此比例的科学性,故暂且搁置。

2.高管激励的制度设计尚待探索

当前出版上市企业通常缺乏有约束力的绩效与报酬挂钩的激励机制。出版企业管理者兼行政人员的身份叠加限制了其职业身份的自然行使,也妨碍了真正面向市场的激励机制的形成。激励与约束是公司治理过程中不可分割的矛盾统一体,目前公司治理中普遍存在着重制衡轻激励的倾向,而缺乏激励的公司治理是不完整的。出版企业与其他国有企

---

① 王维佳:《出版集团化:瓶颈及其制约因素》,《出版发行研究》2009年第2期。
② 朱静雯、刘志杰:《出版发行上市公司高管薪酬利润比研究》,《出版发行研究》2011年第6期。

业一样,主要以短期激励为主,例如年度奖金和分红等形式,而股权与期权等长期激励方式亟待形成。目前出版企业的激励机制基本是年终奖金、业绩提成等现金结算方式。对于上市出版企业而言,不仅要采取年薪制和精神激励机制,还应积极探索高管股票期权激励、债券激励的方式,最终实现管理层和员工的共同持股。

综观各大上市公司,目前只有中文传媒有高管持股的现象。中文传媒在2012年年底发布的公告中称:集团内部高管13人、中层骨干20人,计划自2012年12月4日起的两个月内,通过上海证券交易系统购买公司股票,合计购买股票数量不低于70万股。此次购买公司股票的计划是公司管理层和中层骨干基于对公司未来发展前景的信心和对公司股票价值的肯定所作出的决定,持股完成后与股东利益保持一致,有利于公司长期、稳健发展。作为判断高管增持信心强弱的重要因子,增持比例高的股票组合的超额收益显著好于增持比例低的股票组合。股东增持作为上市公司产业资本运作的一种手段,其事件本身对公司的经营及业绩没有影响,但增持行为却有着丰富的内涵信息:一种可能是,代表高管掌握了公司未来发展或者业绩的内部信息(业绩超预期的增长、资产重组、新项目启动、股权激励等);另一种可能是,在博弈的过程中起到杠杆作用,当股价跌幅巨大时,高管采取增持行动以稳定股价。

公司薪酬的本质其实是公司治理问题。出版上市企业出资人的虚位以及公司治理中对行政路径的偏好,使其在管理与决策中沿用过去的金字塔结构,导致中下层缺乏参与公司经营的积极性。出版上市公司的高层管理人员在不具备剩余索取权的情况下,通常会因人而异地产生两种不同心态:一种是相对保守的心理,即不愿承担投资拓展型业务的经营风险,没有很强的内在驱动力去带领企业获取超额收益;另一种则更具开拓精神,无论是在"政绩意识"还是经济利益的驱动下,能够相对充分地发挥企业家精神,通过运筹资源实现企业的高速发展。然而,一个杰出的企业领袖和一个完美的制度体系相比,前者永远都充满着风险和变数。由此,如何利用制度经济学及社会心理学的理论实现出版业高管激励的组织架构和制度设计,是困扰当前出版上市企业的一大难题。

基于现有资本结构的资金运营效率偏低

1.关涉资本结构及资金运营效率的几个财务指标

上市公司资产的安全性包括两个方面的内容:一是从短期来看流动性较强,有相对稳定的现金流和流动资产比率,不至于影响盈利的稳定性。上市公司资产的流动性越大,其安全性就越大。此短期偿债能力只能起到一种"救急"的作用,并不能真正做到"救穷"。二是从长期来看,企业的财务是否安全需要对企业进行资本结构分析,即企业财务安全性分析。此处的资本结构是指企业筹集长期资金的各种来源、组合及其相互之间的构成及比例关系。科学合理的资本结构是上市公司资产安全的根本保障。资产安全性分析有诸多可供参照的数据指标,流动比率、速动比率、现金比率3项反映了企业短期流动性的强弱;资产负债率、总资产周转率反映了企业的长期偿债能力、资本结构及资金运营效率等情况;应收账款周转率作为考量出版业主营业务运营情况的重要指标,一定程度上反映了企业的资金运营效率。笔者通过整理2012年度8家出版上市公司的财务报表,得出以下几项财务比率指标,如表8[①]所示:

其中,流动比率是指流动资产和流动负债的比率,用于衡量企业的流动资产在其短期债务到期前可以变现并用于偿还流动负债的能力。从表8可以看出,皖新传媒、凤凰传媒和中南传媒的流动性最好,长江传媒、中

---

① 该表参照了2012年度和讯网公布的数据统计结果。

表8 2012年度出版上市公司财务比率统计表

股票名称	流动比率	速动比率	现金比率	应收账款周转率	资产负债率
凤凰传媒	3.31	2.78	2.01	27.77	0.28
中南传媒	3.10	2.77	2.44	16.84	0.27
长江传媒	1.78	1.16	0.74	10.76	0.33
皖新传媒	3.62	3.32	1.95	13.91	0.22
中文传媒	1.71	1.52	0.53	11.10	0.52
出版传媒	2.57	1.75	1.19	4.36	0.31
时代出版	2.43	1.87	0.91	8.47	0.31
大地传媒	2.19	1.62	1.10	7.45	0.32

文传媒的流动性稍差。速动比率比流动比率更能体现一个企业的短期偿债能力。作为对流动比率的补充,速动比率数值的高低能直接反映企业的短期偿债能力强弱,比流动比率更加直观可信。一般来说,流动比率在2左右,速动比率在1以上,且速动比率与流动比率的比值在1比1.5(即0.67)左右最为合适。根据表8测算,凤凰传媒、中南传媒、皖新传媒、中文传媒、时代出版、大地传媒的速动比率与流动比率的比值均高过1:1.5,长江传媒、出版传媒则较为接近。

现金比率作为速动资产扣除应收账款后的余额与流动负债的比率,最能反映企业直接偿付流动负债的能力。一般情况下,现金比率低于0.5或者高于1都不太乐观。如果其他流动资产变现能力不好,现金比率低于0.5时企业的偿债会有问题;现金比率高于1时则意味着企业流动资产未能得到合理运用,现金类资产的获利能力低。保持过高的现金比率会使资产过多地停留在盈利能力最低的现金上,虽然提高了公司的偿债能力,但降低了公司的获利能力。如果现金比率达到或超过1,即现金余额等于或大于流动负债总额,则表明即使公司不动用其他资产(存货、应收账款等),仅靠库存的现金就足以偿还流动负债。资产的流动性

(变现能力)和其盈利能力成反比,流动性越差的盈利能力越强,而流动性越好的其盈利能力越差。在公司的所有资产中,现金是流动性最好的资产,同时也是盈利能力最低的资产。① 当前出版上市公司的现金比率在所有行业中偏高,且根据表8得知,凤凰传媒、中南传媒的现金比率均超过2,只有长江传媒、中文传媒、时代传媒的现金比率保持在1以下。这说明,当前我国的出版业在资金运营方面仍有较大的拓展空间。

应收账款周转率指一定的分析期间内应收账款转为现金的平均次数。其数值越高,说明其收回越快。反之,说明营运资金过多呆滞在应收账款上,影响正常资金周转及偿债能力。② 根据表8,在所有出版上市公司中,凤凰传媒的应收账款周转率最高,出版传媒则最低,综合分析其他几家上市公司的数据发现,该项财务比率亦是各大上市公司整体实力的写照。

出版物依循自发行之日起3个月的结账期,一直是计划经济时代沿袭的惯例。近年来随着出版企业集团的组建,出版产业链的上下游环节开始在各地得到有效的整合。随着出版产业链中发行环节实力的提高,其话语权愈发增强,立足于相互牵制基础上的"账期"问题也随之突显。在市场经济条件下,随着各环节对流动资金需求的增强,作为行业惯例的"3个月账期"不再奏效,一年结账甚至赊欠更久的现象比比皆是。在出版产业上下游的"账期"博弈中,处于弱势地位的不再是发行商,反而是从事内容生产的出版商。为满足发行商的要求,出版商不得不加大新书的造货量,试图通过增添新货以结算旧账。由此导致出版物品种急剧增长,而出版物质量则相对下滑,出版产业中每年的销售量与库存量几乎相当。一旦出版产业链陷于这种恶性循环,出版下游的发行企业也难以幸免。2007年,一度拥有22家直营店、10家加盟店、13万会员的上海明君

---

①② 苏泰禾:《如何分析现金流量比率?》,http://www.csai.cn/gupiao/735202.html。

书店倒闭;中国第一家也曾经是最大的民营全国性连锁书店席殊书屋,曾在全国30个省份的400多个城市拥有600多家加盟店,也因为资金链断裂而倒闭。从欠书款、欠债、欠薪到关门,一度将分店开到王府井的北京思考乐书局,同样在2007年重蹈了明君书店的命运。[1]

资产负债率是企业负债总额占企业资产总额的百分比,即在企业的全部资产中由债权人提供的资产所占比重的大小,该指标反映了债权人向企业提供信贷资金的风险程度,以及企业举债经营的能力。不同行业的资产负债率可能有着极大的差距,一般行业中运营良好的企业其资产负债率通常在45%以下,但特殊行业如房地产业等可能要远远超出这个水平。根据表8,除中文传媒的资产负债率较高(达到52%)之外,其他几家出版上市公司的资产负债率均保持在30%左右。一般来说,国内上市公司的资产负债率均值在50%左右,而目前出版传媒的资产负债率为34.58%,处于较低的水平,流动比率和速动比率也位于合理区间,这一方面说明这些公司具有较好的财务保障能力,另一方面也说明其财务杠杆的作用并未得到充分发挥。[2] 至于中文传媒较高的资产负债率,一定程度上与其所确定的公司发展战略有关。出版业作为相对传统的内容生产企业,就其主营业务的特性来看,其对于资本的欲求并不那么强烈,并不倾向于以高负债来维持正常业务的开展。

总资产周转率是指企业在一定时期业务收入净额同平均资产总额的比率。一般情况下,该指标值越大,说明总资产周转越快,销售能力越强。根据历年国资委发布的《企业绩效评价标准值》数据,2008年、2009年、2010年出版全行业总资产周转率平均值分别为0.7、0.6、0.8次。由图2可知,除大地传媒总资产周转率一直保持在较低水平之外,其余8家出版上市公司3年来总资产周转率都基本保持在0.6~1.2次之间,且除凤凰传媒和中

---

[1] 刘伯根:《出版集团战略投资论》,新星出版社2011年版。
[2] 曾凡斌、张荣:《媒体的整体上市探析——以出版传媒为例》,《编辑之友》2010年第7期。

文传媒之外,大部分公司总资产周转率都呈下降趋势。①

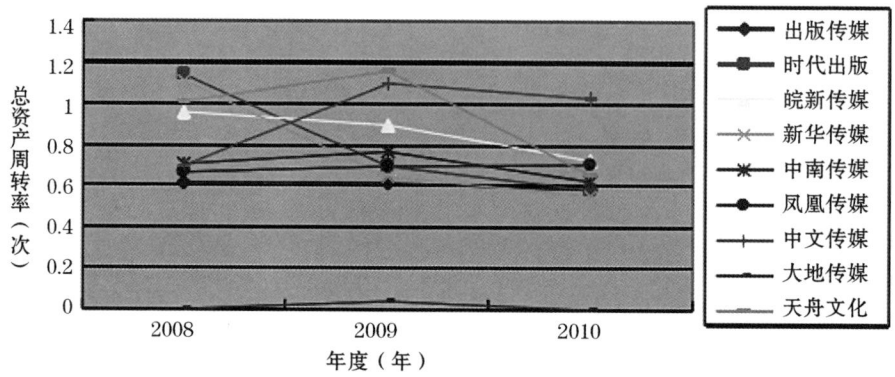

图2　2008-2010年度总资产周转率变化图

2.募集资金的使用效率问题

出版界进行资本运作的市场主要分为三块:一是资金市场,包括授信贷款、抵押贷款、委托贷款、委托理财、信托投融资、公司债、银行债、拆借、保付代理等;二是产权市场,包括收购兼并、合股重组、出售产权与股权、股权置换等;三是股票市场,包括公开募集、定向募集、一级与二级市场交易等。近年来随着出版业对资本需求的急速放大,集团化的上市进程开始大大提速。由于具体情况还将在以下章节中进行更深入的分类探讨,所以下文只是简略地提出出版上市公司的资金使用问题。

我国证监会对首次公开上市企业的审核重点之一就是募集资金投向。根据首次公开发行管理办法,发行人募集资金应当有明确的使用方向,原则上应当用于主营业务。综观当前出版上市公司的募集资金使用情况,存在着两大弊端:

首先,募集资金的占有权和使用权容易出现分离。理论上募集到的

---

① 黄霄旭:《出版上市公司"数字化"透视——我国出版上市公司经营绩效分析与考察报告》,《出版广角》2012年第5期。

资金使用权应当然属于上市公司所有,但传媒业的特殊性却表明,上市公司的融资极有可能到了内容生产部门甚至是政府手里。"电广传媒"就是一个例子,其控股方湖南广电产业中心直接或间接占用了"电广传媒"的大量资金,而该产业中心则是湖南广电厅的下属单位。"电广传媒"实际上成了该产业中心借以上市的"壳"。①

其次,出版上市企业在资金使用过程中也存在着募投方向上的同质化现象。从已经上市的出版发行集团招股书的募投方向和项目名称看,绝大多数都集中在设立新的出版发行机构、网点渠道建设、报刊传媒、动漫与数字出版、物流配送、产业园区等项目上。各省市上市集团的这种募投方向及其项目,作为以往同质化经营规模的进一步放大,可能还会进一步造成产能的盲目扩张以及新的市场壁垒和区域割据的形成。② 所以,有必要对出版上市公司的募投方向、重大重组项目进行总体调控,尤其是应对各种创意产业园区、数字出版基地、物流配送基地等重大项目的建设进行统一配置,避免重复建设与资源浪费。

上市路径与时机的选择受出版业双重属性的制约

1.出版业双重属性制约下的上市路径选择

上市的具体路径并没有所谓的最优化选择方案,通常需要根据企业的行业属性、经营规模、发展战略等因素进行个性化的定制。笔者对近年来出版传媒企业的上市路径进行汇总,并按照整体直接上市、资产剥离上市、借壳/买壳上市、境外上市、创业板上市的不同方式进行分类,尝试对各种上市路径给出优缺点的评价(参见表9)。因境外上市及创业板上市在我国目前的出版行业中尚不多见,而整体直接上市的方式在第4章股权融资中还将提及,所以下文将重点介绍借壳上市及资产剥离上市两种类型。

---

① 王关义、孙海宁:《出版集团上市面临的内生矛盾探析》,《出版发行研究》2007年第8期。
② 伍旭升:《反思当前出版发行集团上市热潮》,《现代出版》2011年第3期。

表 9　出版传媒公司上市路径分析表

上市方式	典型案例	评价
整体直接上市	歌华在线、中视传媒、皖新传媒、出版传媒、中南传媒等	能够形成集团优势,保留经营业绩,形成上市后的整体竞争力,适合盈利模式清晰、业务组合较好的企业。但申请程序复杂,所需时间长,且对于市场行情与上市时机的要求甚高。由于企业承担全部费用,如遇市场低迷,上市过程会被推迟或彻底取消
资产剥离上市	新华文轩、电广传媒等	有两种类型:母公司剥离资产形成上市公司和母公司剥离后自行上市。一方面,可以使企业摆脱负担,形成具有竞争优势的业务组合;另一方面,在我国对出版类行业管制的情况下,剥离上市能够平衡国家对企业的绝对控制和扩大资金规模的矛盾
借壳/买壳上市	新华传媒、时代出版、中文传媒、凤凰传媒、大地传媒、长江传媒、博瑞传播、联游网络等	借壳上市和买壳上市的共同之处在于,都是一种对上市公司壳资源进行重新配置的活动,都是为了实现间接上市;不同点在于,买壳上市的企业首先需要获得对一家上市公司的控制权,而借壳上市的企业已经拥有了对上市公司的控制权。借壳上市的一般做法如下:①集团公司先剥离一块优质资产上市;②通过上市公司大比例的配股筹集资金,将集团公司的重点项目注入到上市公司中去;③通过配股将集团公司的非重点项目注入上市公司实现借壳上市。与借壳上市略有不同,买壳上市可分为"买壳-借壳"两步走,即先收购并控股一家上市公司,然后利用这家上市公司将买壳者的其他资产通过配股、收购等机会注入进去 特点:通过复杂的资本操作,借助已上市公司的资本平台获得巨额资本,同时规避复杂的上市程序要求,具有上市时间快、成本低等优点,能避免直接上市的高昂成本、时间延滞和上市流产的风险
境外上市	华视传媒、盛大、九城、土豆网等	境外上市适合对外资注入没有管制措施、需要高速成长的企业。我国主板或创业板上市审批程序较为复杂,而境外上市政策相对宽松;目前我国对企业到海外上市的管控力度逐渐加大
创业板上市	天舟文化、乐视网、华谊兄弟等	在上市门槛、监管制度、信息披露、交易者条件、投资风险等方面和主板市场有较大区别。对于中小企业,尤其是高成长性企业,为风险投资和创投企业建立正常的退出机制,提供充足的融资支持

借壳上市因其成本较低、时间较快,一度成为我国出版传媒企业最青睐的上市方式。2009 年 3 月,焦作鑫安发布公告称,中原出版传媒投资控股集团有限公司通过公开竞拍,以总成交价 1 687.77 万元取得该公司 28.99%的股权,成为 S*ST 鑫安第一大股东。2009 年 8 月,中原出版传

媒受让 8.36% 的非流通股,其持有股权比例达到 37.06%。根据规定,收购人持有上市公司发行在外的股份达到 30% 时,若想继续收购,须向被收购公司的全体股东发出收购要约。触发要约收购后,如果得到证监会批准,将实现借壳上市。中原出版传媒集团通过司法拍卖成为鑫安的第一大股东,继而实现借壳上市。这与安徽出版集团以定向增发的方式借壳"科大创新"不同,可以说在借壳上市的途径上进行了新的探索。事实上,出版业的借壳上市与其他行业的借壳上市并无本质不同,因在表 9 中已经做了较为详细的分析,此不赘述。

在出版业双重属性的制约下,早期的出版传媒企业为了合理规避行业政策的限制,通常选择从核心资产中剥离部分经营性资产,加以改制重组,从而实现上市。但这种人为的割裂不可避免地造成了经营链条的不完整,如此建制的出版上市公司在本质上甚至不是一个完整的企业。中银证券在给"北青传媒"的评级报告中称其是"一家没有厨房的餐厅",并给予该公司"跑输大市"的评级。[①] 出版业本身具有的相对垄断性使得这一部分经营性资产,必须依赖原剥离主体的剩余核心资产进行运作,从而导致准备上市的主体与股东方之间产生大量的关联交易。关联方运用行政力量撮合交易,有可能使交易的价格、方式等在非竞争的条件下出现不公正的情况,形成对股东权益的侵犯。这种大额的、持续的关联交易影响了出版上市公司的独立性。因而,上市公司应该尽量减少与大股东或者实际控制人之间的关联交易。对于正常生产经营必要的关联交易,交易双方应遵循商业经营规则。鉴于文化创意产品不属于标准化产品,定价的公允性需要予以重点关注,从而保证交易价格的公允性,不偏离市场竞争价格或公司与非关联第三方的交易价格。[②]

---

① 王关义、孙海宁:《出版集团上市面临的内生矛盾探析》,《出版发行研究》2007 年第 8 期。
② 刘伯根:《出版集团战略投资论》,新星出版社 2011 年版。

2.上市时机的选择具有显著的从众效应

在行为心理学的理论中,"从众效应"又称"羊群效应",即由于信息不对称或者信息识别能力的差异,使得某个参与人在掌握信息不充分时,往往倾向于从其他参与人的行为中提取信息,采取类似行为的现象。有学者将出版上市公司的从众行为归纳为仓促上市、为融资而融资、重复建设三个方面。① 由于本书将在第3、第4章中分别介绍出版上市企业的投资、融资问题,故本小节将重点分析企业上市最初阶段的从众行为。

上市时机的选取与国家宏观政治经济的走势密切相关。我国证券市场自筹建以来,受货币政策、财政政策、产业政策、监管政策的共同影响,经常发生股票价格齐涨齐跌的现象。股票市场价格的波动,受政治经济和社会心理因素的影响尤为显著。股票价格作为实体经济的价值体现,反映的是未来预期而不是当下或历史的业绩,当经济形势无力支持投资者对回报率的期望值时,理性的价值回归将成为必然的趋势。基于此,证券市场被看作"国民经济的晴雨表",是宏观经济的先行指标,可以说,宏观经济的走向决定了证券市场的长期趋势。

根据一般行业的经验数据,中小企业最佳的上市时机是在企业进入成熟期的时候,也就是增速开始减慢的时候,而不是在高速增长的时候。出版业作为相对传统的产业,其成熟度毋庸置疑。但是对于不同的出版企业来说,把握这一时机的节点需要具体情况具体分析。此外,企业上市前的资本总量对于上市后的股价表现也非常重要。从一般规律来看,资本的总市值越大,交易量越大,股票越流通,股价波动也就越小。对于资本总市值达到多大才适合上市,没有一个可以简单套用的法则。通常来说,要在美国或者香港成功上市,资本总市值需要达到2.5亿美金,即企

---

① 周正兵:《警惕出版企业上市的"羊群效应"》,《编辑之友》2010年第7期。

业上市前一年的利润在1200万美元到1500万美元之间。① 企业上市时的资本总市值过小会带来一系列的问题。一些大型的机构投资者(例如银行、保险公司、资产管理公司)的投资策略不允许其购买小盘股,这就意味着小盘股的潜在投资者要相对少些。由于供需关系在很大程度上决定着价格,通常投资者越少,股价就越低。

除去时间因素之外,上市地点的选择对于出版企业的未来发展同样具有深远的影响。笔者对近年来出版传媒业所涉足的国内外资本市场情况加以汇总,针对三大资本市场的优缺点给予评价,详见表10:

表10　上市地点优缺点对比表

	优　点	缺　点
国内上市	①上市的成本较低 ②维持上市地位的管理费用较低 ③能够提升公司和企业品牌在国内消费者心中的形象和知名度 ④国内投资者对中国的企业、行业和品牌了解较多,因此国内投资者可能愿意给出更好的价格以及更好的流动性 ⑤国内市场的平均市盈率比香港、新加坡和美国高	①国内上市要通过证监会的批准,而批准的过程中有很多不确定因素。要在美国和香港上市,同样要经过当地证交会的批准,但这个过程比较透明 ②即使通过了证监会批准,通常企业还要等待很长时间才能上市。而等待时间是不确定的,可能半年或一年,也可能几年 ③中国股票市场的波动要比美国和香港的股票市场波动大。这给中国企业家造成很多企业规划上的麻烦 ④国外投资者不能自由地购买上海和深圳A股的股票,这就限制了潜在投资者的数量
香港上市	①香港上市的流程要比内地快 ②上市成本比美国低,政府监管也比美国少② ③国际投资者、香港本地投资者、中国内地投资者近年来对中国公司关注度有所提升 (1993年首家内地企业在港上市。截至2008年10月底,在香港上市的内地企业共有453家,占香港上市公司总数的36%及总市值的55%)	①香港股市的变化不仅会受上市公司业绩的影响,而且会受美国和欧洲股市的影响,这是一种市场关联现象 ②中国上市公司在香港市场的市盈率通常都低于内地

---

①② 杜猛:《中国房地产产企业"上市陷阱"》,http://blog.fang.com/5361263/9815299/articledetail.htm。

(续表)

	优　点	缺　点
美国上市	①美国股票市场仍旧是全球最大、最国际化、流动性最好的股票市场 ②美国是世界上监管最严的股票市场,因此通常情况下波动不是很大 ③如果企业的利润达不到纳斯达克或者纽交所的要求,也可以在美国证券交易所(AMEX)上市	①信息披露和监管费用较高 (每年审计,法律和股票市场管理费用至少需要100万美元) ②上市前和上市后都需要企业主投入大量精力来满足监管的要求。企业高管对公报中的某些错误有个人连带责任 ③要在纳斯达克或者纽交所上市,企业必须达到足够的规模,这样才能有足够的资本总市值来保证股票的流动性①

时空的二元缠绕决定了上市地点与上市时机的选择是两个注定不可分割的命题。新华文轩的上市历程一定程度上反映了上市地点选择的灵活性,这对于企业制定可持续发展战略十分重要。2007年5月30日,新华文轩正式在香港联交所主板挂牌交易,当时公司共发行4.02亿股,发行价为每股5.8港元,共募资23.3亿港元,成为内地首家在港上市的出版发行企业。在2007—2012年的6个会计年度里,公司总共向股东派发相当于每股1.68元人民币的股息,相当于每股盈利总和的69%,但其在H股的股价却长期低迷,鲜少突破4.5元,公司市值在很大程度上一直被低估。期间受2008年全球金融危机的影响,香港股市遭受重创,而国内证券市场的相对吸引力越发凸显。随着近年来大陆资本市场的发展及出版产业政策的完善,作为唯一一个在A股以外资本市场上市的出版企业,上市逾6年的新华文轩已在筹备回归A股。四川省政府于2012年3月28日发布《四川省人民政府关于加快推进文化产业发展的意见》,其"重点任务"的第六条中曾明确指出:"积极推进新华文轩出版传媒股份有限公司回归A股等上市融资项目。"

2013年1月,新华文轩提出了A股发行计划,拟在上交所发行不超过9871万股股份,拟将募集资金用于总投资额约14.18亿元的五大项

---

① 杜猛:《中国房地产产企业"上市陷阱"》,http://blog.fang.com/5361263/9815299/articledetail.htm。

目。早在 2012 年 11 月,证监会相关部门负责人曾表示,H 股公司在 A 股发行并不存在硬性的指导性定价,但在监管过程中会关注 H 股公司在回归 A 股的过程中是否以 H 股股价作为一个参考或者基准。如果 A 股投资者以大大高于 H 股的价格申购同一种股票,显然是不公平的,H 股回归 A 股与其说是一次 A 股 IPO,不如说是一次再融资行为,以远远高于现行市场价的价格再融资,最终难以为继。从 2013 年第二、三季度的数据来看,A 股文化传媒板块的上涨已超过 10%,在资本市场中可谓独树一帜,新华文轩趁机回归 A 股市场,亦是希望分享我国文化传媒行业的发展红利。当然,这并不是说我国的 A 股市场就是国内所有出版企业上市地点的最优选择。出版产业政策和国内资本市场的成长同时也暗示了其各自的不确定性。有人曾这样比喻:美国和香港的证交会像交通红绿灯,行人对通行的时机有一定的心理预期;中国的证监会像警察指挥交通,有自己主观的判断,不太好预测通行的时机和方式。

准入退出机制的"特殊化"待遇

1. 上市准入的"被达标"现象与豁免权的适用

在很长一段历史时期内,我国传媒业产权结构的制度性缺陷主要体现在产权的非排他性上。传媒集团虽然实际占有并使用一部分公有资产,但在很大程度上缺乏自主决策和经营的权力,不能充分地享有剩余索取权和资产处置权。当传媒集团经营出现危机时,政府部门总会采取适当的援救措施以维续传媒集团的生存,传媒集团因此就有了所谓的"软预算约束"。其结果是该倒闭的传媒集团倒不掉,该调整经营方向的传媒集团也怠于整改,在低效率水平上运行,资源浪费现象严重,缺乏来自市场竞争的压力。产权的非排他性还造成了明显的机会主义,各传媒集团努力使利益内在化而使成本外在化。即使在传媒市场过剩的情况下,各传媒集团仍旧在市场竞争中不断扩大规模进行外延扩张,其投资冲动难以抑制。导致此现象的根源在于,传媒集团争取到的政府预算多为无偿拨款,将其投入到自身的外延扩张上,因此无需承担资金成本或者说仅承担"寻租成本"——传媒集团向政府争取投资所付出的成本,并没有真正的风险。若经营成功,传媒集团员工收益增加,经营者也有收获;若经营失败,传媒集团也不至于倒闭,政府才是风险的最后承担者。[1] 由于上述产权结构的缺陷,脱胎于出版传媒集团的上市公司同样也存在着准入退出机制不健全等类似的问题。

2005 年新修订的《证券法》规定,在我国主板上市的企业需满足以下条件:注册资本不能低于人民币 5000 万,净资产在总资产中的占比要大于 30%,并且成立时间要在 3 年以上以及必须连续 3 年盈利等。2006 年证监会颁布的《首次公开发行股票并上市管理办法》,对资产业务完整进入上市范围进行了更加明确的规定。符合行业监管要求的主营业务资产相对完整地进入上市范围,成为证监会协助企业向国务院申请 3 年业绩豁免[2]的前提之一。这意味着在产业政策指导下的非意识形态资产将更完整地进入上市范围。近年来我国的出版企业在上市路径上多有创新之举:出版传媒(601999)作为我国首家将编辑业务与经营业务合并打包上市的出版企业,可谓是传媒全业务上市的破局之作;中南传媒(601098)成为首支完整产业链整体上市的传媒股,也被中宣部认为是一次比较好的衔接,是值得此后的文化企业参考的上市操作路径。北方联合出版传媒(集团)通过获得国务院的 3 年业绩豁免完成了在 A 股的首发上市,为出版传媒企业通过向国务院申请豁免方式从而加快上市进程开辟了通途。当前,尽管很多出版传媒企业已进行了不同程度的改制,但整体来看,绝大多数仍为全民所有制,不符合有限责任公司整体变更的条件,需

---

[1] 常永新:《传媒集团公司治理》,中国传媒大学出版社 2006 年版,第 138 页。
[2] 3 年豁免是指准备 IPO 上市的企业由于成立时间不足 3 年或者有限公司改制为股份有限公司时未按照原账面净资产折股,导致不能自有限公司成立之日起计算持续经营期,需要国务院对"3 年持续经营时间"这一限制进行豁免。

要通过股份公司设立满3年或向国务院申请豁免获得上市申请资格。值得探讨的是,豁免权的适用也有一定的限度和范围。近年来,随着出版传媒类上市企业的增多,我国证监会对申请3年业绩豁免的审批日趋严格,要求企业运营满1年才能申请首次公开发行。事实上,辽宁出版传媒也是在股份公司设立基本满1年的情况下上报的上市材料。在当前文化传媒企业上市热潮的背景下,预计未来国务院对文化企业特别是省级中小型文化企业的豁免审批会呈趋紧态势。业绩豁免政策有可能向具备行业龙头地位和完成整体改制的文化企业集中。所以,在当前资本市场日趋规范化管理的同时,传媒类上市企业应当逐步摆脱对"特殊化"待遇的心理依赖,真正实现"让业绩说话"。

2.关于出版资本市场容量的反思

根据万得金融数据库的统计数据,截至2012年6月28日,A股上市的出版企业共有10家,总市值达到762.6亿元,占文化产业上市公司总市值的38.5%。[①] 作为出版企业改善治理结构,迅速做强做大的重要途径,上市和股权的多元化改革能够建立起上市企业真正独立的法人地位和法人财产权,在法理层面上实现真正的法人独立。[②] 企业上市的益处十分明显:首先,可以获得实施兼并、收购和联盟的资金;其次,随着公司上市后无形资产的增值和知名度的提升,将对互补性商业资产形成更大的吸引力和凝聚力,有利于开展兼并、收购和联盟活动;再次,凭借上市公司的声誉及机制可迅速扩展核心业务,并以较高的价值转让非核心业务,以较低的成本完成"外包"业务;最后,通过证券市场的直接融资,扩大银行授信额度,带动企业间接融资,为实施跨行业兼并、收购和联盟提供多

[①] 张新建、林树、孙俊峰、赵军:《出版企业上市利弊分析及对策》,《科技与出版》2012年第11期。
[②] 王建辉:《出版:商务与文化》,中国书籍出版社2010年版,第337页。

渠道的投融资保证。①

在为企业发展带来诸多益处的同时,上市也对公司的后续经营行为产生了一定的约束力。诚如中国出版集团前总裁聂震宁所说:"上市以后,股民就立刻等待着你的回报、等待你的绩效,只有绩优股才能持续往前走。因此,什么公司上市不是最本质的问题,最本质的问题在于这个上市公司能否有再生能力。"②出版传媒公司一旦通过上市成为公众企业,就不再以企业自身的意志为转移,资本的逐利性要求其必须以保证一定的股市市盈率为所有经营活动的终极目的。上市既可以在极短时间换来资本的几何级数膨胀,也可以一夜之间大幅缩水。资本的扩张本性使得从股市募集来的资金必须重新投资,通过高收益的项目获得更大比例的回报。新闻出版业自身的产业局限性,尤其是图书出版发行主业的赢利水平较低的现实,注定了已上市的企业难以在传统的出版业领域内寻找到优质的高回报项目,这就迫使其不得不向更高回报率的项目进行投资。从当前出版上市企业募投资金的使用现状来看,"主业飘移"现象已日趋严重。放眼国际知名的出版集团,除贝塔斯曼、圣智学习没有上市外,其他如培生、爱思唯尔、汤姆森、威科、阿歇特、麦格劳—希尔、约翰·威立父子公司等已上市的集团无不运用差异化的竞争策略,紧紧围绕主营业务、核心竞争力进行资本运作,兼并重组。这7家世界顶级的出版集团在教育出版、专业出版方面树立了各自的经营特色和品牌形象。③ 由此可见,上市只是出版企业实现其发展战略的一个手段,只是其利用资本平台实现出版资源整合及经营理念创新的一个路径选择,而不是其终极的目的与必然的归宿。

此外,股票上市还有可能暴露出版企业的商业秘密,使其面临较大的

---

① 陈昕:《出版集团进入资本市场的目的是做强做大主业》,《出版广角》2010年第5期。
② 易图强、谭慧:《究竟如何看待出版企业的上市》,《出版参考》2010年第9期。
③ 伍旭升:《反思当前出版发行集团上市热潮》,《现代出版》2011年第3期。

持续盈利压力和资本运作风险。从这个角度来讲,相关部门应对上市出版集团予以宏观调控,进行总量控制,从全局高度做出总体规划部署,对上市集团的区域分布做出科学规划。对那些有高成长性、资产优良、经营管理后劲足的集团给予重点扶持;对资产一般、主业竞争力弱、成长后劲不足、经营管理不善的集团企业则要严格审核,控制匆忙上市。

上海世纪出版集团前董事长陈昕曾提到:"出版集团是否上市和何时上市,需要根据其定位、转型方向、扩张的方式来定……我们这个产业究竟应有多少上市公司,归根到底是受产业规模的约束的,是随着产业规模的扩大而增多的。"①由于我国资本市场的容量有限,上市资格作为一种稀缺资源,自然而然地成为政府、企业竞相追逐的"猎物"。从某省关于促进省内企业上市的原则就可以了解到这种急迫的从众心态,"培训一批、改制一批、辅导一批、上市一批",②形象地反映了政府通过"培训""改制""辅导"等手段强力促成企业上市的做法。但这种政府主导的上市行为常常忽略企业的现状、需求以及资本市场的一般规律。上市公司本应该是市场化的产物,而不应该是行政命令和行政干预的结果。在准备上市的企业内部,必须有规范有效的公司治理结构和内部监督机制,只有厘清自身存在的制度问题,才能更好地利用股票市场。③ 拥有180年历史的贝塔斯曼集团是世界上居于领导地位的传媒集团,年收入几百亿欧元,但却不是一家上市公司。我国的出版业作为受政策性调控较为显著的行业,一旦遭遇产业政策的"暖流"而出现扎堆、盲目上市的现象,其上市主体的数量有可能会超出资本市场的容量预期,这将不利于出版行业的可持续发展。

---

① 易图强、谭慧:《究竟如何看待出版企业的上市》,《出版参考》2010年第9期。
② 周正兵:《警惕出版企业上市的"羊群效应"》,《编辑之友》2010年第7期。
③ 张新建、林树、孙俊峰、赵军:《出版企业上市利弊分析及对策》,《科技与出版》2012年第11期。

三　小结

　　出版集团作为出版上市公司的前身,对其发展历程进行梳理能够帮助解读当前出版企业在上市后所呈现的一系列特征。出版业的双重属性导致其实施转企改制的时点相比于其他行业要晚,这意味着在较短的时期内经历了改制阵痛的出版企业必须再承受股份制改造的压力。出版上市企业在此期间所凸显的机制不畅、资源掣肘、激励匮乏、资本运作力度欠缺、只能生不能死的局面,以及种种与资本市场不相适的表征可以说是出版行业所特有的困境。本章对出版上市企业的发展历程及特征进行描述,旨在为下文揭示出版企业投融资问题有别于一般性行业做相关的铺垫性分析。

第 2 章
出版传媒上市公司的投融资环境分析

一 出版产业政策环境

出版产业投融资的运作是在一定的产业政策环境中进行的,成熟的产业投融资机制是出版业可持续发展的基础性条件。产业政策影响并引导着产业投融资的进程,制约着产业投融资活动的规模及结构。可以说,出版产业投融资的活跃程度和机制完善程度对于产业发展有着至关重要的意义。

出版产业投融资政策变迁

产业政策目前被经济学界认为是政府干预经济运行的第三种手段。产业政策主要可以分为两种类型,一种是产业组织政策,一种是产业结构政策。前者是指为解决同一个产业内部的规模经济和竞争效益问题的产业政策,后者是指为了影响产业间的结构变化和促进经济增长的产业政策。具体到出版领域,出版产业结构政策是指有意识地对出版产业的结构进行调整,通过这种调整来调节出版物的供求关系,促使供给结构更好地适应市场需求的变化。出版产业组织政策则主要用于指导出版产业的组织行为,维护正常的市场秩序等。

政府对出版产业投融资的宏观管理主要表现在,制定相应的投融资结构性政策和组织政策等。其中产业组织投融资政策主要表现在两个方面:一方面是针对企业兼并联合的资本规模的政策规制或对中小企业的资助扶持政策,另一方面是鉴于产业的特殊性而对产业投融资的资本结构作政策性规定,如内资外资的比例问题等。产业结构投融资政策则更多地体现在国家的财政、金融、关税等一系列调节产业间资本流向、规模和结构的宏观经济政策上。① 此外,政府对出版产业投融资的宏观管理还表现在运用经济手段,如利用税率的调节来引导资源的合理配置,促进出版产业的结构优化。笔者对近年来出版产业的投融资政策变迁进行了梳理,如表11所示:

表11 出版产业投融资政策变迁一览表

政策法规名称	发布部门	实施日期	主要内容
《关于新闻出版业集团化建设的若干意见》	原新闻出版总署	2003年7月	推进集团化建设是新闻出版业调整结构、优化资源配置、提高产业集中度、形成规模优势的重要举措。文件对集团化改制试点工作进行了统筹规划
《关于规范新闻出版业融资活动的实施意见》	原新闻出版总署	2003年7月	试点报业集团、出版集团、期刊集团、音像电子出版集团的编辑出版业务,可以通过合作的方式在全国新闻出版系统融资
《关于进一步规范新闻出版单位出版合作和融资行为的通知》	原新闻出版总署	2004年5月	加强对所有新闻出版单位合作出版、融资活动的监管,确保国有资产保值增值,确保国家出版权得到有效控制

---

① 魏鹏举、周正兵:《文化产业投融资》,湖南文艺出版社2008年版。

(续表)

政策法规名称	发布部门	实施日期	主要内容
《国务院关于非公有资本进入文化产业的若干决定》	国务院	2005年8月	对非公资本进入文化产业领域作了明确说明
《关于深化出版发行体制改革工作实施方案》	原新闻出版总署	2006年7月	鼓励出版集团公司和发行集团公司相互持股，进行跨地区、跨部门、跨行业并购、重组，建立必要的经营性分支机构。积极推动有条件的出版、发行集团上市融资
《关于进一步推进新闻出版体制改革的指导意见》	原新闻出版总署	2009年4月	鼓励和支持出版企业通过整合自身出版资源，以跨地区、跨部门重组的方式组建出版传媒集团。积极支持社会资本特别是国有大型企业参与出版传媒企业的股份制改造，支持条件成熟的出版传媒企业，特别是跨地区的出版传媒企业上市融资。在3到5年内着力培育出六七家资产超过百亿、销售超过百亿的国内一流、国际知名的大型出版传媒企业。该文件首次将非公有出版工作室定性为新兴出版生产力
《关于深化中央各部门各单位出版社体制改革的意见》	中共中央办公厅、国务院办公厅联合发布	2009年4月	鼓励拥有多家出版社的部门和单位，结合行政管理体制改革整合出版资源，组建出版集团公司；鼓励业务相近、资源相通的出版社按照优势互补、资源组合的原则，跨部门组建出版集团公司；鼓励中央与地方国有文化企业对中央各部门各单位出版社进行重组或并购
《关于进一步推动新闻出版产业发展的指导意见》	原新闻出版总署	2010年1月	在国家政策允许的条件下，充分利用发行企业债券、引进境内外战略投资、上市融资等多种渠道为企业融资。开展与国有银行及相关金融机构的战略合作，加快建立和发展中小新闻出版企业信用担保机制，允许投资人以知识产权等无形资产评估作价出资组建新闻出版企业，为产业发展争取良好的融资环境
《关于加快我国数字出版产业发展的若干意见》	原新闻出版总署	2010年8月	鼓励非公有制企业与拥有内容资源优势的国有出版企业嫁接重组；鼓励社会各界参与数字出版产业发展，用足、用好金融领域优惠政策，拓宽投融资渠道，引入战略投资者，实现投资主体多元化

(续表)

政策法规名称	发布部门	实施日期	主要内容
《新闻出版业"十二五"时期发展规划》	原新闻出版总署	2011年4月	鼓励有条件的新闻出版企业跨区域、跨行业、跨所有制经营和重组,推动新闻出版资源适度向优势企业集中。利用多种渠道融资,推动有条件的企业上市,吸收社会资本有序参与新闻出版活动
《关于加快出版传媒集团改革发展的指导意见》	原新闻出版总署	2012年2月	支持出版传媒集团之间进行战略性合作。到"十二五"末,进一步做强做优国家层面人文、教育、科技三大出版传媒集团,培育多个年销售收入超过200亿的大型骨干出版传媒集团,最终实现跨媒体、跨地区、跨行业、跨所有制、跨国界发展

自20世纪90年代起,出版管理部门就确定了通过集团化推进出版业改革的战略部署。2001年发布的《中央宣传部、国家广电总局、原新闻出版总署关于深化新闻出版广播影视业改革的若干意见》提出:"鼓励出版集团、发行集团、电影集团跨地区经营。"2002年原新闻出版总署出台《关于新闻出版业跨地区经营的若干意见》,鼓励出版集团有组织、有计划、有步骤地实现跨地区强强联合。[1] 这一系列出版产业组织政策的出台为破除体制性障碍,释放出版生产力,促进出版产业的高速发展提供了良好的制度性铺垫。2003年文化体制改革试点工作正式启动以来,为了促进出版集团的发展,国家颁布了多项有利于出版集团发展的优惠政策,推动以增强产业集中度为目的的出版集团组建。

2003年原新闻出版总署出台的《关于规范新闻出版业融资活动的实施意见》(以下简称《实施意见》)提道:"发行集团设立的股份有限公司条件成熟时,经中央宣传部和原新闻出版总署批准,可申请上市发行股票募集资金。"[2]这是出版管理部门第一次以"融资活动指导意见"的文件形式

---

[1] 唐溯:《中国出版资本市场发展攻略》,湖南人民出版社2012年版。
[2] 韩冰曦:《我国出版企业融资问题研究》,北京印刷学院2010年硕士学位论文。

提出出版企业的上市问题。2004年原新闻出版总署发布了《关于进一步规范新闻出版单位出版合作和融资行为的通知》,该《通知》可以看作是对2003年《实施意见》的政策性完善和延伸,《通知》对一些融资环节出现的新现象做了进一步的规范及细化,其中"新闻出版企业在合作或融资活动中不得出让或变相转移,不得以合作等名义让出资方、合作方或个人承包或变相承包本单位的编辑部门;对违反规定进行合作和融资活动,或借合作和融资名义买卖书号、刊号、版号的新闻出版单位,依照《出版管理条例》等规定予以查处"等规定,都可以看作是对2003年《实施意见》的补充。

原新闻出版总署于2006年出台的《关于深化出版发行体制改革工作实施方案》是根据中共中央、国务院2005年发布的《关于深化文化体制改革的若干意见》的相关要求和全国文化体制改革工作会议精神,结合出版发行业改革的实际制定的具体方案。在文化体制改革的大背景下,进一步解放出版生产力成为此阶段的重要命题。由于前阶段的出版体制改革采取的是分批进行的"试点式"改革,此阶段局部改革的成功经验开始被推广借鉴,以实施方案等形式发布。

2008年,原新闻出版总署以"一法五条例"(《中华人民共和国著作权法》《中华人民共和国著作权法实施条例》《出版管理条例》《印刷业管理条例》《音像制品管理条例》《计算机软件保护条例》)为原则,修订了《图书出版管理规定》《音像制品制作管理规定》《电子出版物出版管理规定》[1],这一系列法规的出台对构建并完善出版行业的法治基础,加强出版业的规范化管理起到了很好的作用,有力地推动了统一、开放、竞争、有序的出版物市场的建设。

2009年,原新闻出版总署、中共中央办公厅、国务院先后发布了《关

---

[1] 韩冰曦:《我国出版企业融资问题研究》,北京印刷学院2010年硕士学位论文。

于进一步推进新闻出版体制改革的指导意见》《关于深化中央各部门各单位出版社体制改革的意见》,两个文件都围绕出版体制改革的主题,可以看作是对前一阶段出版发行体制改革进程的进一步助推。其中,原新闻出版总署在《意见》中提出,"支持条件成熟的出版传媒企业,特别是跨地区的出版传媒企业上市融资。在三五年内,要着力培育出六七家资产超过百亿、销售超过百亿的国内一流、国际知名的大型出版传媒企业"这样的具体目标;中共中央办公厅、国务院联合发布的《意见》提出的改革目标则相对宏观:"培育导向正确、主业突出、实力雄厚、核心竞争力强的大型出版集团公司,使之成为出版业的骨干文化企业和战略投资者。"

2010年发布的《关于加快我国数字出版产业发展的若干意见》针对数字出版产业的发展特别提出:"拓宽投融资渠道,引入战略投资者,实现投资主体的多元化。"此处的投资主体多元化,就是既要有业内投资者又要有业外投资者,既有国有投资者又有集体投资者和民营投资者,既有战略投资者又有普通投资者,既有机构投资者又有个人投资者,甚至可以有条件地接受外国投资者。通过完善相关政策和法规,明确各种不同的投资主体投资出版产业的范围、比例、条件和程序,使投融资活动有章可循、有法可依,投资者的合法权利和利益能够得到有效保护,增强其投资出版产业的信心,共同建设出版资本市场体系。数字出版产业作为当前出版行业实现快速可持续发展的经济增长点,在产业政策的制定和实施环节虽然处于"摸索—反馈"期,但同样也是出版业投融资实践环节最具开放性的一方"实验田"。

通过梳理近年来出版产业投融资相关政策的变迁,不难发现:关于出版业的投融资政策多内含于上述一系列政策性意见中,目前为止还少见以"投融资"为名目的政策法规。综观出版管理部门对于产业投融资行为的指导意见,其多属于产业组织型的投融资政策,而几乎没有产业结构型的投融资政策。这大概说明,出版产业的投融资实践目前还只是行业内的一个重要命题,并没有引起相关部门的足够重视。

政策拐点及意义解读

作为推动出版业快速发展的体制性保障,产业政策的变迁轨迹直接决定了传媒产业的结构化转型。2006-2010 年,我国出台了多份旨在推动出版产业发展的政策文件。此阶段密集的产业政策犹如春雷,开启了出版传媒业的春天。

2006 年 7 月,原新闻出版总署出台《关于深化出版发行体制改革工作实施方案》。该方案可谓一针强心剂,其明确提出:推动有条件的出版、发行集团公司上市融资;鼓励出版和发行集团公司相互持股,进行跨地区、跨部门、跨行业并购重组;鼓励非公有资本以多种形式进入政策许可的领域;正式提出出版业可划分为"事业型"(公益型)和"产业型"(经营型),前者以提供公共服务为基本思路,后者以产业经营为基本思路。这一划分为出版业改革和出版资本市场的发展提供了理论依据和实践基础。同年 12 月,《新闻出版业"十一五"发展规划》出台,明确提出要打破单一资本结构模式,积极推进投资结构调整,在出版发行企业和部分非时政类报刊社实行投资主体的多元化。

2009 年被业界定义为我国出版集团发展的"政策年",在这一年中,《关于进一步推进新闻出版体制改革的指导意见》《关于深化中央各部门各单位出版社体制改革的意见》《文化产业振兴规划》等一系列重大政策相继颁布,加快了出版业转企改制的步伐,确立了非公有出版工作室的地位,为出版集团股改上市、跨地域、跨媒体、跨行业、跨所有制联合重组奠定了基础。同时,2009 年也是出版集团发展的"转折年",在这一年中,出版集团的转企改制基本完成,其发展的主题也由转企改制转变为产业发展,出版集团进入产业化发展时期。① 其中,2009年4月原新闻出版总署发布《关于进一步推进新闻出版体制改革的指导意见》(以下称《指导意见》),强调社会资本对发展出版业的重要作用,强调资本市场的作用。《指导意见》提出,"鼓励和支持社会资本特别是国有大型企业参与出版传媒企业的股份制改造","积极支持条件成熟的出版传媒企业,特别是跨地区的出版传媒企业上市融资","在充分利用系统内国有资本的同时,开辟安全有效的新闻出版业融资渠道,有效地吸纳系统外社会资本和境外资本,实现以资本扩张带动业务扩张、规模扩张和效益扩张"。

事实上,很难找到一个具体年份来定义出版产业政策的"拐点",由政策变迁导致的产业变革总是一个从量变到质变的过程。2003年起渐次展开的文化体制改革作为一种由政府主导的"强制性制度创新",具体到出版产业投融资领域,表现为自下而上由行业实践引致的政策变迁。举例来讲,出版资本市场由最初的只允许经营业务上市,到后来鼓励编辑业务和经营业务整体上市,这样的制度创新使得出版产业与资本市场完成了对接,打通了出版产业的融资渠道;对于民营出版机构与出版企业的合作行为,由最初将非公有出版视作毒瘤,到承认其作为"新兴出版生产力",为国有出版公司吸纳和重组非公有出版公司开辟了合法通道。在文化体制改革的大背景下,各改革试点出版企业也进行着"诱致性制度创新"。例如,作为出版传媒母公司的辽宁出版集团,其打破了民营出版的禁令,摸索出与知名民营策划人合作的方式,在取得一定业绩后,最终受到监管部门的认可,其成功经验被写入了2009年5月出台的《关于进一步推进新闻出版体制改革的指导意见》,上升为政府的强制性制度创新。② 这些体制创新的成果率先为上市出版公司所享有。从这个层面来

---

① 中国出版科学研究所出版集团研究课题组:《2009年出版集团改革创新十大亮点》,《出版参考》2010年第7期。
② 翁昌寿:《金融危机下的出版产业:发展及瓶颈——解读国内上市公司2008年报及2009季报》,《国际新闻界》2009年第6期。

讲,出版产业政策的变迁在很大程度上是依赖行业实践及创新驱动的;政策的拐点则更多地是一个量变引发质变的转折点,是试点经验成功后适当进行批量推广的契机。

政策规制对出版业上市投融资行为的影响

政策规制对出版业上市投融资行为的影响,在很大程度上属于政策绩效评价的范畴。对于投融资行为本身来讲,其"投入—产出"比例在具体的政策规制中是相对明确的,但对出版产业来说,则面临着与一般性公共政策在绩效评价时所遭遇的共同难题,即无法精准地匹配某条政策规制与某个产业行为的因果关联性(政策效力的发挥并非总是立竿见影的,很多时候需要在一定时段的持续期内才能测量出效果),只能约略地以历史时段划分产业行为的政策调控归属。为了确保研究结论的相对科学性,笔者选取其中一个年份作为样本,梳理该年度的政策规制对期间产业投融资行为的影响。目前,以"投融资"为名目的政策文件并不多见,主要集中在2003年、2004年,期间出台的《关于规范新闻出版业融资活动的实施意见》《关于进一步规范新闻出版单位出版合作和融资行为的通知》两个文件,可以说为之后的出版产业投融资实践搭建了一个框架性的指导方案,对后来的出版上市公司投融资行为意义深远。基于此,笔者选取2003年度新闻出版产业的投融资行为进行分析,以考量政策规制对于本行业的影响。

《2003年新闻出版业投融资大盘点》一文按照报业、图书出版业、期刊社、音像制品及电子出版物出版单位、印刷业的行业细分,对2003年度的新闻出版业投融资行为作了一番梳理。由于报业集团的产业化进程先于其他传媒行业,故其在投融资的理念及实践方面也较为超前。从2003年的报业投融资实践来看,凡在融资环节较为成功者,大多是将融来的资金投入创办新报或加大报纸的市场营销力度。这种将融资用于加快主业发展的做法既符合政策要求,又有利于报社自身建设。为了降低投资风险,大部分利润盈余较高的报社都将富余资金用于物业购置,如盖办公大楼、酒店、度假村等,既可以改善办公条件又可以增加收入,还可以随着房地产的增值而增值。但是,这种"圈地现象"也反映出报业投资思路的封闭性。① 其中,湖北日报报业集团通过资本运作取得了银行的授信贷款,于 2003 年先后投资证券、造纸、房地产业并跨地区建立印刷分厂等,为集团整体做大做强奠定了坚实的基础。此外,还有一些报业企业通过股权融资获得流动资金,如上海电视台下属的每周广播电视报、有线电视报将80%的广告经营权和广告收益权出售给上市公司东方明珠。

2003 年度图书出版领域的投融资事件更多地集中在主业范围内,例如中信出版社在获得中信集团控股的中信文化体育产业有限公司 2000万元的投资后,随即高价购买国外财经类畅销书的版权,使得中信出版社的出版物得以占据国内非小说类畅销书排行榜,同时财经类图书的销售额也跃居国内领先地位。② 此阶段单体出版社的投融资行为较为常见,以出版集团为单位的投融资实践还处于摸索阶段。其中"诚成文化"神话的破灭作为该年度的一个标志性事件,对后来的出版上市企业影响深远。2003 年 2 月初,湖南出版集团以 6396 万元收购诚成文化 11.3%的股权,并将其转让给了奥园发展,避免了一场被拖入股市泥潭的浩劫。由于该阶段资本市场环境、出版产业政策的局限性,图书出版行业的上市进程还未启动,投融资的实践也是跟随着产业政策的变迁而亦步亦趋。偶有诸如"诚成文化"这样的突破性创举,也终因种种外部环境的不完善及投融资理念的不成熟而夭折。综合 2003 年度图书出版领域的投融资情况发现,许多出版单位自诩有充足的闲置资金,且向银行贷款融资并不困难,所以对于融资行为并没有很强的内驱力。这种心态既反映了出版社的融资意识薄弱、资本经营意识淡薄,也反映了出版社所受政策性障碍较多,

---

①② 朱诠、查国伟:《2003 年新闻出版业投融资大盘点(上)》,《中国出版》2004 年第 6 期。

出于"观望"心态还不敢从事大规模的资本运作。① 从表面看,出版社似乎不缺乏资金,但是,对于行业内的兼并、重组来说,当前出版业的资金储备又显得杯水车薪。

2003年出台的《关于规范新闻出版业融资活动的实施意见》规定:"试点集团可以项目合作的方式,吸纳国有企事业单位的资金。投资方不得介入编辑业务,所吸纳的资金严格限制在经批准的项目内使用。"2004年发布的《关于进一步规范新闻出版单位出版合作和融资行为的通知》(下简称《通知》)又进一步指出:"在企业资本结构变化过程中,必须确保出版物的导向正确,不得改变党的领导和行政管理权,不得削弱国有方经营管理的责任。新闻出版事业单位一律不准搞融资活动和股份制。"此外,《通知》中关于"新闻出版事业单位一律不准搞融资活动和股份制"的规定尤为严厉,很有可能是对2003年某些出版单位投融资行为违规的一个警示。

二 金融市场环境

1.金融市场的政策环境

金融市场作为企业投融资的主要场所,既是连接储蓄与投资的纽带,又是以价值手段配置社会资源的主要方式;既为产权流通与兼并重组提供灵活的机制,又为经济增长提供强有力的支撑;不仅是国民经济运行的动态指示器,还是实施间接宏观调控的重要场所。② 本章节所讨论的"金融市场"主要包括货币资金借贷场所、股票债券的发行和交易场所等,并拟将金融市场环境简单地划分为外部的政策环境和内部的自身环境两个层次。

---

① 朱诠、查国伟:《2003年新闻出版业投融资大盘点(上)》,《中国出版》2004年第6期。
② 杨兆廷、李文哲:《企业融资管理》,中国商务出版社2004年版。

在金融政策方面,2003年中央出台《关于完善社会主义市场经济体制若干问题的决定》指出,要"积极推进资本市场的改革开放和稳定发展,扩大直接融资。建立多层次的资本市场体系,完善资本市场结构,丰富资本市场产品"。2004年,国务院出台《关于推进资本市场改革开放和稳定发展的若干意见》[①],提出了9条意见推动金融市场的改革和发展,如完善证券发行上市核准制度,健全有利于各类优质企业平等利用资本市场的机会等。2005年4月,证监会发布《关于上市公司股权分置改革试点有关问题的通知》,对上市公司股权分置改革作了明确部署和安排。在一系列引导性政策措施的推动下,资本市场体系的建设日益完善。2010年年底,中国证监会在其官方网站表示,证监会将从四个方面重点支持中国的文化企业上市:一是积极支持处于成熟期、经营较为稳定的文化企业在主板市场上市;二是鼓励已经上市的文化企业通过公开增发、定向增发、配股等方式进行再融资,用于企业发展和行业整合;三是支持符合条件的文化企业在创业板市场上市;四是支持符合条件的文化企业通过发行公司债、可转债方式融资。

2005年8月8日,国务院颁布《国务院关于非公有资本进入文化产业的若干决定》,首次对存在于传媒产业中的非公有资本的身份予以合法化的认可,将非公有资本进入文化产业的情况分成了鼓励、限制和禁止三种。鼓励和支持民营资本参与一些领域的国有文化单位股份制改造;非公有制文化企业在项目审批、资质认定、融资等方面与国有文化企业享受同等待遇。这是国家第一次对投资参股文化产业做出如此详细全面的规定,也是我国第一部具备法律效力的文化产业文件。同时,《决定》已经在进入领域及持股比例等方面设置了相应的"防火墙",对于可能影响文化安全的领域予以了明确限制,这些措施将有利于有关部门对社会话语

---

① 王运平:《迎接新闻出版业改革和发展的春天——专访原新闻出版总署出版产业发展司司长范卫平》,《中国出版》2009年第5期。

权、舆论导向、文化安全和意识形态安全在总体上进行控制。上述一系列规范性政策的出台,对于提升文化产业涉足资本市场的积极性起到了一定的推动作用。

2. 资本市场与货币市场

就金融市场的内部环境来讲,又可细分为以股市为代表的资本市场环境和以银行业为代表的货币资金市场环境。我国的资本市场是以1981年恢复发行国债为标志建立的。20世纪80年代中期以后,股份制经济在我国迅速兴起,股票成为重要的金融工具。同时,国债、企业债券、金融债券发行规模也呈扩大趋势,债券品种开始增多。为适应股票债券流通变现的需要,1986—1988年我国进行了证券转让流通试点。在试验、摸索的基础上,1990年和1991年,上海证券交易所和深圳证券交易所相继成立并营业,我国的资本市场正式形成。经过20多年的改革发展,资本市场的制度设计已初步完善。①

然而,随着近年来金融业杠杆作用的不断凸显,资本市场的各种不完善性也逐渐暴露。2013年8月发生的光大乌龙事件,就是我国资本市场仍旧存在着制度性漏洞的例证。8月16日上午,A股股指在仅仅3分钟内达到了5.96%的巨大涨幅,中石油、中石化、工行等71支蓝筹股瞬间涨停,达到了超过90亿元的成交量。在全球股市范围内"乌龙指"并非第一次出现,但其产生如此巨大的杠杆效应,在我国证券史上还是第一次。据中国金融期货交易所公布的股指期货合约持仓变动显示,光大证券的全资子公司光大期货大举买入7000手空单,对冲股票市值约50亿元。因乌龙事发的8月16日恰逢股指期货交割日,所以光大此举涉嫌利用重大非公开信息进行内幕交易。在投资者并不知情而自身却知悉异动真正原因的情况下,光大的管理层本应戒绝交易,待内幕信息公开后再卖空以

---

① 王红富、林楠、王玺:《我国金融市场的现状及发展》,《现代经济信息》2012年第20期。

合理避险,但其实际作为却违反了市场公平交易原则。因此认定,公司在信息披露前转化卖出 ETF、卖出股指期货合约的做法,构成了内幕交易行为。法院最终裁决投资者可以提起诉讼依法要求赔偿,并对相关决策责任人给予终身证券市场禁入,没收非法所得并处 5.23 亿元的处罚。该事件对我们的警示在于,资本市场在快速发展的同时暴露了诸多问题,在制度设计、信息操作系统的安全性设计、金融风险防范方面还有许多亟待解决的问题。

2015 年 5 月 28 日,我国股市遭遇了历史性大跌。当日上证综指跌幅达 6.5%,为 2015 年第二大单日跌幅,深成指则下跌了 6.19%。两市市值一天内大幅蒸发超过 4 万亿元,从 71.57 万亿元缩水为 67.51 万亿元。之后的两周内,尽管资本市场的诸多参与者仍然乐观地认为这只是短暂性的"政策调整",然而随着股指持续不断地下跌以及上市公司波澜壮阔的"停牌潮",牛市转熊市的预测逐渐变成现实。随之,证监会等部门联手出台了一系列救市措施。截至笔者修订本书时,大多数资本市场投资者的信心并未出现显著的回升。当前资本市场制度设计的缺陷,致使其在市场化环境下抗击金融动荡的自我调节机制过弱,是导致这次资本市场强烈动荡的根本原因。

对于以银行系统为代表的货币资金市场环境,在此不过多地追述其历史情况。从 1994 年起,我国的投融资体制和金融管理体制开始发生重大的变化,投融资主体、投融资方向、资金来源日趋多元化。由于路径依赖的偏好,再加上上市门槛的不断提高,银行信贷作为一种最常见的间接融资方式,依旧是很多企业融资的首选渠道。由于投融资体制涉及资源配置形式、结构调整方式和产业发展模式[①]等诸多方面,因此,作为宏观经济重要组成部分的货币市场环境对于产业的发展可谓举足轻重。2013

---

① 李春生:《我国出版投融资体制改革探讨》,《中国新闻出版报》2008 年 8 月 21 日。

年6月20日被业界人士称为"中国经济史上具备转折意义"的一天,其超高的隔夜拆借利率宣告了流动性宽裕时代的彻底终结。央行的"断奶"政策使得银行系统陷入流动性匮乏的恐慌之中,这一点从几大商业银行股价的暴跌中也可略窥一二。金融系统受国家宏观货币政策的调控效用较为灵敏,因此尚不能明确这种局面究竟会向何种方向发展,亦不能保证前文所提到的银行业对出版传媒业的那些巨额授信是否会成为一纸空文。

从目前我国金融市场的发展现状来看,金融体制的改革滞后于整个经济体制的改革,资本市场的发展滞后于整个经济的发展步伐。过去,我国金融市场基本上依靠着经验主义和试错法则摸索发展道路;现如今,我国金融市场应该总结经验、吸取教训,走科学化、规范化的制度设计之路,努力打造多层次、多元化的资本市场。

出版资本市场与金融市场对接的可行性与必要性

据中国人民银行统计,2011年,我国主要金融机构发放给文化产业的中长期贷款达861亿元,同比增长20.4%。截至2010年12月31日,新闻出版业共有45家上市公司,其中上海A股12家、深圳A股11家、香港H股8家、美国纽交所1家、美国纳斯达克13家,以当时收盘价计算,总市值达5010.9亿人民币。2011年间,文化企业上市趋势保持良好,7家文化企业在境内A股市场成功上市,此外,还有4家文化企业借壳上市,5家文化企业成功登陆美国资本市场。截至2011年年末,在沪深两地上市的文化企业累计超过50家。股权投资方面,一批文化产业投资基金相继成立,据不完全统计,目前全国共有文化产业投资基金111支,资金总规模超过1330亿元。中央财政注资的中国文化产业投资基金于去年7月成立,资金规模已达60亿元。① 从上述系列数据可以看出,我国文化产业的发展受利于宏观经济拉升,红利效应明显。

出版资本市场与金融市场的对接具备相当的可行性,主要体现在相关金融政策与出版产业政策的"默契"达成层面。近年来,随着文化产业的快速发展及行业政策的大力扶持,文化产业已经成为新的经济增长点。以银行业为代表的金融市场看好出版业的发展前景,并主动与出版业建立合作关系。2009年3月,中原出版传媒投资控股集团有限公司与建行河南分行启动全面战略合作,根据双方签署的合作协议,建行将对中原出版集团提供包括项目贷款和流动资金类贷款在内的综合授信,在贷款结算、现金管理和增值、理财产品等商业银行业务,以及直接融资、资本运作、并购和资产重组、管理咨询等投资银行业务方面积极提供服务,并为其设计和实施现金管理方案,以提高资金效率和效益。为促使这些内容落到实处,建行特别为该集团配备了由各类专家型产品经理、业务经理及技术经理组成的任务型团队。同年5月,山东出版集团获中国农业银行山东分行10亿元授信额度。虽然上述所谓的"战略合作"与银行授信并不是一种事实意义上的投融资产业行为,但诸如此类的讯息表明:出版业与资本市场的对接具有相当的可行性。

2009年4月,商务部、文化部、原新闻出版总署、国家广电总局4个部门与中国进出口银行联合下发《关于金融支持文化出口的指导意见》,开创了金融支持文化产业的先河,同时文化部与中国银行正式签署了《支持文化产业发展战略的合作协议》。在此模式下,文化部加大与金融机构的合作力度,构建"文化部文化产业投融资公共服务平台",全面启动了投融资服务工作,并在此基础上构建了全面的部行合作机制。2009年8月,中国银行和原新闻出版总署签署了《支持新闻出版业发展战略合作备

---

① 《十七大以来文化产业投融资工作取得的成就》:http://culture.people.com.cn/GB/22226/244082/244101/18029439.html。

忘录》，这标志着中国银行与原新闻出版总署在启动资源整合、加强战略协调、创新合作机制、全面推动我国新闻出版业发展上达成了某种共识。根据战略合作备忘录，中行将把新闻出版作为独立行业进行管理，并将原新闻出版总署推荐的重点企业和项目列为其重点金融服务对象。金融服务范围从商业银行领域拓展至投资领域和保险领域，并承诺在授信及融资服务、现金管理服务、资本市场专业化服务、财务顾问和保险服务、咨询与培训服务、国际结算、银团贷款服务和其他创新产品等方面给予重点支持。

在部行合作机制初步建立的基础上，为了进一步拓宽文化产业投融资渠道，促进金融与文化产业全面对接，调动社会资源投入文化产业，2010年4月，中宣部、中国人民银行、财政部、文化部、广电总局、原新闻出版总署、银监会、证监会、保监会九部委联合出台了《关于金融支持文化产业发展和繁荣的指导意见》，正式从国家政策层面提出了金融支持文化产业，开创了文化产业投融资工作新局面。[1] 作为我国金融政策支持文化产业发展的首个宏观指导文件，其内容包括推动支持文化企业通过债券市场融资；发挥保险公司机构投资者作用和保险资金融资功能，鼓励保险公司投资文化企业的债权和股权，引导符合条件的保险公司参与文化产业投资基金；推动多元化、多层次的信贷产品开发和创新；积极探索适合文化产业项目的多种贷款模式；鼓励符合条件的文化企业上市融资等二十条。该《指导意见》针对目前我国文化企业有形资产少、无形资产多、抵押担保品不足等问题，紧紧围绕推动金融资本与文化产业的有效对接，立足于发挥信贷、保险、证券等多层次金融市场资源，立足于形成宣传文化、金融、财政等多部门工作的合力，立足于推动金融产品创新和改进金融服务，多措并举、多管齐下，汇聚金融、财政资源，助推文化产业发展和文化繁荣。为落实九部委文件，实现金融与

---

[1] 《十七大以来文化产业投融资工作取得的成就》：http://culture.people.com.cn/GB/22226/244082/244101/18029439.html。

文化产业全面对接,2010年12月,保监会与文化部联合出台下发了《关于保险业支持文化产业发展有关工作的通知》;为促进文化产业实现资本市场的直接融资,2011年4月,文化部下发了《文化部关于推进文化企业境内上市有关工作的通知》。

九部委联合发布的《指导意见》,掀起了一场我国新闻出版企业与资本市场对接的高潮。2011年2月,原新闻出版总署与中国工商银行签署了支持新闻出版产业发展战略合作协议,其中,中国工商银行将提供不少于600亿元的意向性融资支持。根据协议,双方将建立起长期稳定的战略合作关系,从金融合作角度全力推动中国新闻出版产业发展。在原新闻出版总署与工行签署战略合作协议的同时,中南出版传媒集团股份有限公司与工行湖南省分行、江西出版集团公司与工行江西省分行也签署了战略合作协议。2012年11月,原新闻出版总署和交通银行签署了《支持新闻出版业发展战略合作协议》,交通银行承诺将在未来3年内为我国新闻出版产业的发展提供500亿元的意向性融资支持。此外,中国出版集团、江苏凤凰出版传媒集团、河北出版传媒集团、安徽出版集团、中文天地出版传媒股份有限公司、中南出版传媒集团也分别与交通银行及各地区分行签署了战略合作协议。

出版资本市场与金融市场的对接不仅具有相当的可行性,而且相当必要、迫切。近年来,文化产业基本保持着年均15%左右的增速,高于同期GDP的增长,正在成为新的经济增长点。但高速发展的文化产业同样面临着来自资本市场的瓶颈,文化产业的属性决定了其面临着固定资产少、产品产权难以定价、无法评估质押、融资难等金融瓶颈,一定程度上阻碍了行业的持续发展。从这个层面来讲,出版资本市场与金融市场的对接可以说是迫在眉睫。文化产业的发展需要金融市场的支持,金融机构应结合文化企业的特点,创新产品和服务,推动多元化、多层次的信贷产品开发和创新;可以根据项目周期及资金需求,科学合理地确定贷款期限,并充分考虑文化企业的特点,建立和完善科学合理的信用评级和评分制度;建立针对文化产业金融服务的考评体系,增强服务意识,设立专家团队和专业服务部门,主动向文化企业提供优质的金融服务。[①]

出版产业与资本市场的"联姻"较晚,我国的出版资本市场尚处于初级发展阶段,不到位的产权制度改革及传统体制性壁垒仍然是导致其不能快速成熟的根本原因。2003年以来启动的出版体制改革已经自觉或不自觉地将出版业推向资本的制度框架之中,其发展过程自然地包含了资本运作。出版业的发展离不开成熟的、多层次的资本市场,而资本市场的完善程度最终也取决于出版业对资本的开放程度。

省域资本市场活跃度调查

区域资本市场的构成要素主要包括资本需求者、资本供给者、中介机构和市场监管部门等。[②] 资本供给者又可细分为个人投资者、机构投资者。其中,个人投资者作为一个不特定的群体,研究起来较为零散,其研究结论更多地具备样本价值而非规律性价值;以证券交易所来划分中国资本市场的相关研究,往往只能局限于沪深股市的样本范围,具有很大的约束性;以资本需求者所在地作为划分区域资本市场的主要标志,以内地的省区为研究对象考量当前资本市场的活跃程度,一方面界定了地域的边界,另一方面也和我国当前以省域为单位的经济指标核算体系相契合,所以应当是研究省域资本活跃度的一条较为理想的路径。

资本市场的区域性可比较指标分为两类——规模指标和结构指标。其中,规模指标包含两方面的含义:一是资本市场的融资能力,二是资本市场规模与其他重要经济变量的比例关系。资本市场的融资能力可以通

---

① 李晓萍:《中国着力解决文化企业融资难题》,gb.cri.cn/27824/2010/04/14/2625s2817535.htm。
② 陈刚、詹正茂、廉晓红:《中国区域资本市场的指标体系与区域差异状况研究:1993—1999》,《上海金融》2004年第2期。

过两个指标来反映:资本市场的融资量、资本市场的融资成本。资本市场与其他经济变量的比例关系可以用资本依存率来反映,这也是资本市场宏观效率中的一个重要方面。资本依存率,是指经济发展对资本市场融资量的依存率,是反映资本市场宏观效率的一个重要方面。资本依存率越高说明资本市场在经济发展中的作用越重要。资本市场的结构性指标也分为两个层次:一是直接融资与间接融资的比例,以金融机构贷款总额与股票市场融资总额之间的比例来代替直接融资与间接融资之间的比例;二是直接融资市场和间接融资市场内部的各种比例关系,即信贷市场和股票市场上的各种比例关系,比如中长期信贷市场上融资的主要使用方向、股票市场上融资的企业行业结构、股票市场首次发行融资和配股融资的比例关系等。①

  资本存量作为描述资本市场规模的最直观指标,从企业资本经营角度看,是指企业现存的全部资本资源。从资本使用或占用形态看,资本存量则表现为企业现存的全部资产,包括流动资产、长期投资、固定资产、无形资产及递延资产等。叶宗裕在《中国省际资本存量估算——基于资本产出比的研究》一文中,对我国改革开放以来代表性年份的大陆地区省际资本存量做了汇总整理,并在此基础上计算出了资本产出比(如表12所示)。其中资本产出比(K/Y)表示一个经济系统为获得单位产出所需要投入的资本量。低的资本产出比意味着可以用相对少的资本获得相对多的产出,高的资本产出比则可能预示着资本使用的相对无效率。从表12不难发现,大部分省区之间资本产出比的差异不大,也基本合理。几个经济较为发达的省区,如广东、上海、江苏、浙江、山东,其资本产出比较低,说明这些省区的产出效率较高。值得注意的一个现象是,与其他经济较为发达的省区相比,北京、天津的资本产出比相对偏高。导致这一现象的

---

① 陈刚、詹正茂、廉晓红:《中国区域资本市场的指标体系与区域差异状况研究:1993—1999》,《上海金融》2004年第2期。

原因有可能是北京作为全国的政治、教育、文化中心,在这些方面投入的财政比例较大,而对 GDP 的直接贡献较小,导致资本产出比偏高。①

表 12　代表性年份的省际资本存量及资本产出比②

	资本存量(亿元)						资本产出比					
	1978	1985	1992	1998	2003	2008	1978	1985	1992	1998	2003	2008
北京	177	362	791	1734	2824	4665	1.63	1.71	2.08	2.43	2.31	2.15
天津	134	265	520	1063	1866	3706	1.62	1.70	2.18	2.17	2.15	2.09
河北	325	515	945	2368	4194	8276	1.78	1.59	1.52	1.74	1.95	2.13
山西	151	298	488	742	1304	2702	1.72	1.75	1.83	1.46	1.53	1.77
内蒙古	91	196	413	802	1540	4828	1.57	1.54	1.95	1.97	2.13	2.69
辽宁	355	572	1073	2036	3231	7220	1.55	1.40	1.54	1.67	1.68	2.01
吉林	137	236	437	781	1336	3205	1.67	1.54	1.61	1.57	1.72	2.12
黑龙江	290	489	878	1470	2282	4174	1.66	1.74	2.01	2.02	2.03	2.12
上海	447	645	1059	2664	4166	7061	1.64	1.59	1.61	1.91	1.76	1.68
江苏	322	704	1769	4358	8174	16294	1.29	1.30	1.49	1.63	1.80	1.84
浙江	145	378	943	2585	5009	9738	1.17	1.16	1.44	1.67	1.85	1.94
安徽	145	298	587	1355	2198	4485	1.27	1.20	1.54	1.67	1.76	1.96
福建	85	189	423	1275	2320	5090	1.28	1.23	1.26	1.57	1.78	2.09
江西	141	258	445	881	1606	3441	1.62	1.51	1.46	1.63	1.88	2.21
山东	354	710	1468	3426	6500	13366	1.57	1.50	1.55	1.65	1.85	1.95
河南	235	493	986	2057	3646	8585	1.44	1.39	1.55	1.56	1.77	2.18
湖北	185	400	768	1778	3216	6090	1.23	1.21	1.41	1.66	1.97	2.03
湖南	219	372	668	1223	2161	4379	1.49	1.43	1.55	1.54	1.77	1.98
广东	252	570	1376	3744	7156	14168	1.36	1.36	1.22	1.43	1.56	1.63
广西	119	197	325	678	1151	2665	1.57	1.53	1.41	1.50	1.66	2.06
海南	24	48	149	375	548	910	1.46	1.45	1.77	2.64	2.47	2.37
重庆	108	211	356	745	1552	3200	1.60	1.65	1.58	1.69	2.25	2.50
四川	281	515	997	2102	3827	7475	1.52	1.44	1.63	1.84	2.17	2.35
贵州	76	148	263	434	835	1520	1.63	1.53	1.66	1.65	2.07	2.16

① 叶宗裕:《中国省际资本存量估算》,《统计研究》2010 年第 12 期。
② 因数据资料连续性缺失,暂未收集港澳台地区的相关数据。

（续表）

	资本存量（亿元）						资本产出比					
	1978	1985	1992	1998	2003	2008	1978	1985	1992	1998	2003	2008
云南	130	222	411	859	1419	2663	1.88	1.64	1.65	1.88	2.13	2.35
西藏	8.3	21.4	36.8	91.8	201	388	1.25	1.48	2.10	2.35	2.91	3.15
陕西	145	263	516	953	1806	3681	1.79	1.68	1.83	1.84	2.10	2.25
甘肃	150	203	343	607	1183	2347	2.32	1.92	1.76	1.70	2.08	2.39
青海	49	70	93	153	301	525	3.22	2.77	2.50	2.49	2.97	2.90
宁夏	38	64	104	167	310	603	2.92	2.49	2.45	2.31	2.62	2.89
新疆	73	161	357	713	1180	2014	1.87	1.90	2.03	2.43	2.63	2.63
合计/平均	5392	10076	19989	44219	79042	159464	1.55	1.48	1.60	1.73	1.89	2.04

陈刚等学者在《中国资本市场的区域差异研究》一文中，首先对各省区资本市场的综合指标 SCM 进行评分，后采用聚类分析法对 1993—1999 年间我国 30 个[①]省区资本市场的相似程度进行汇总后发现，我国资本市场可以按照其活跃度粗略地划分为 3 个级别：以辽宁、上海、广东、四川为代表的最为活跃的 4 省区；以北京、江苏、山东、河南、湖北为代表的较为活跃的 5 省区；其他相对不活跃的省区。虽然该组统计数据的年代相对久远，但在一定程度上能够反映改革开放以来我国省域资本市场发展的基本格局（具体划分情况如表 13 所示），而该统计结果得出的省际资本存量活跃度与表 12 中叶宗裕关于资本存量总体排序的情况基本吻合。综合考量资本存量与资本产出比两项指标，可以认定上海、江苏、广东、山东、四川等地区的资本市场是较为活跃的，这一发现在陈刚的研究中基本可以得到印证。因此可以认定，在排除人口因素的情况下，改革开放以来我国省域资本市场的活跃度大致可以参照表 13。

---

① 该统计将重庆归入四川省份，同时未包含台湾省。

表 13　我国资本市场的活跃度级别分类情况①

资本市场活跃的省区	19~21 分	辽宁、上海、广东、四川
资本市场比较活跃的省区	16~18 分	北京、江苏、山东、河南、湖北
资本市场不活跃的省区	15 分及以下	天津、河北、山西、内蒙古、吉林、黑龙江、浙江、安徽、福建、江西、湖南、广西、海南、贵州、云南、西藏、陕西、甘肃、青海、宁夏、新疆

以上两组数据描述的是以省级为单位的资本总量情况,对于本书的研究只是提供了一个背景材料的参考。具体到文化产业领域,也曾有学者对区域文化资本做过类似的统计。孙维在《中国区域文化的测度》一文中提出了"文化资本存量"的概念,并通过 4 个因子变量②正交旋转的形式对 2007 年我国 31 个省级区域的文化资本存量进行综合因子的打分,得出的省际文化资本存量排名前 10 位者顺序如下:北京、浙江、江苏、上海、天津、四川、河南、广东、山东、河北。通过此排序发现,从省域资本市场存量中抽绎出的文化产业资本存量的排名,与上两组数据的区域总体资本存量排名情况有较大的差异。也就是说,单独地分析某区域文化产业本身,与该地区经济的整体发展情况并非完全正相关,这也从另一个角度印证了文化产业的独特发展逻辑。

省域资本市场活跃度与上市出版集团业绩的相关分析

出版传媒业作为文化产业的"核心层"③,考量此类上市企业与其所

---

① 陈刚、詹正茂、廉晓红:《中国资本市场的区域差异研究》,《中国软科学》2003 年第 9 期。
② 孙维将影响文化资本存量的 4 个因子分别界定为:文化类固定资产指标(包括非物质文化遗产,文化藏品数,重点文物机构数);文化服务指标(文化事业财政拨款,群众文化事业总支出,群众艺术馆、文化馆站业务活动经费);文化氛围指标(人均教育文化娱乐服务消费,公共图书馆总流通人次,艺术馆、文化馆、文化站举办展览个数);新文化产品指标(音乐和表演艺术的新演出,建筑设计通过审批,文化产业增加值)。
③ 文化产业分为核心层、外围层、相关层 3 个组成部分。其中"核心层"包括:新闻服务、出版发行和版权服务、广播电视电影服务、文化艺术服务等 4 个行业大类;"外围层"包括:网络文化服务、文化休闲娱乐服务、其他文化服务等 3 个行业大类;"相关层"包括:文化用品设备及相关文化产品的生产、文化用品设备及相关文化产品的销售 2 个行业大类。文化产业核心层和外围层是文化产业的主体,相关层是文化产业的补充。

在地域的资本市场活跃度是否具有相关性,对于了解上市出版集团所在地的资本环境有一定的参考价值。由于主营业务收入、净利润等财务指标更多地描述的是企业发展的静态情况,且目前大多数出版上市企业涉市时间较短,其静态数据指标的自比价值要远大于横向他比价值,所以笔者选取了相对动态的两大指标用于描述近 3 年来 7 家上市出版集团的业绩情况,具体见表 14:

表 14　2010-2012 年上市出版企业的业绩表现

股票简称	所在省份	上市时间	净资产收益率(%)			净利润增长率(%)		
			2010	2011	2012	2010	2011	2012
凤凰传媒	江苏	2011 年	17.25	8.51	10.20	3.06	11.65	25.43
中南传媒	湖南	2010 年	8.44	10.38	11.12	23.79	35.12	17.22
中文传媒	江西	2010 年	10.35	12.68	12.97	32.67	37.00	4.88
时代出版	安徽	2008 年	9.30	9.44	9.96	9.94	10.14	14.38
大地传媒	河南	2011 年	9.54	9.40	11.43	649.17	8.57	37.30
长江传媒	湖北	2011 年	9.91	10.74	11.08	160.00	20.40	16.58
出版传媒	辽宁	2007 年	8.19	4.13	3.89	0.40	-47.95	0.27

数据来源:相关上市企业 2010-2012 年年报。

作为衡量上市公司盈利能力的重要指标,表 14 中的净资产收益率是指利润额与平均股东权益的比值。该数值越大,说明投资带来的收益越高,体现了自有资本获得净收益的能力。净利润增长率则是指企业本期净利润额与上期净利润额的比率。净利润增长率反映了企业实现价值最大化的扩张速度,是综合衡量企业资产营运与管理业绩以及成长状况和发展能力的重要指标。综观表 14 中各家上市出版企业的净资产收益率指标情况,除去出版传媒外,其他 6 家企业基本保持着稳定且递增的涨势。凤凰传媒受业绩波动的影响,该项指标在 2011 年大幅跌落后又于次年明显回升。另外从表 14 中还可以发现,大地传媒、长江传媒、出版传媒连续3年的净利润增长率波动较大,其原因可能是会计处理层面导致的上市前后净利润计算方式的差异,预计该项指标会随着上市后企业的持续经营而逐渐归于常态化。

按照具体的省份分析,江苏省的省际资本存量及文化资本存量排名均比较靠前,该省域范围内的凤凰传媒集团在目前全国的出版上市集团中亦属业绩佼佼者,在主业经营及投融资方面均有不俗表现。由此可以认定该省域资本市场的活跃度与其所在地的出版上市公司业绩有一定的正相关性。与之形成对比的是中南传媒和出版传媒,从历年来湖南省的资本市场存量及文化资本存量的排名来看,其表现并不是十分突出,属于资本市场相对不活跃的省份,但该省域范围内的中南传媒,无论是从其近年来财务报表的基本数据来看,还是以基于此的财务指标来看,其在出版业界的排名均较为靠前。出版传媒作为我国首家整体上市的企业,近年来的业绩表现一直不佳,但从资本市场存量的总体情况来看,其所在的辽宁省尚属资本市场较为活跃的地区。

由此得出结论,资本市场的活跃度与该省域范围内出版上市企业的业绩表现并没有显著的相关性。事实上,这种不相关性在笔者看来恰恰是出版资本市场健康化、常态化的表征。由于种种历史因素,我国的出版资源分布已经呈现出结构性缺失与冗余并存的局面,这种为了平均而平均的思维不利于出版业的持续发展。目前来看,上市后的出版企业在成为公众企业后,一方面逐渐淡化了地域的"标签",在某些方面摆脱了区域的壁垒束缚;另一方面也实现了全国范围内的资本募集,打破了区域资本市场的瓶颈,能够充分地运筹出版资源,让更多资本得以流向更具发展潜力的出版企业集团。

值得关注和探讨的问题是,北京、上海地区聚集了最为丰富的文化资本存量,加之沪深股市的"近水楼台"效应,从理论上来说是具有显著上市优势的地域,但目前来看,该地域却没有出现一家出版类上市企业。导致这种现象的原因大概可以归纳为以下几点:首先是企业发展战略及经营理念的迥异。上市属于一种资本行为,关系着企业的长远发展规划,不同的企业有着不同的运营理念,也有可能因此选择不同的发展路径,这就又回到了"是否上市"或"什么时机上市"的问题。其次是区域地理位置及区域政策的调控作用。由于我国出版上市集团并非自然形成,且通常一个省份只有一家,所以这种省域的平均化分布有可能造就出版集团的跟风上市行为,即"个别省域已经有了出版上市集团,那么其余观望者也模仿其行为,也要从资本市场上分得一杯羹"的心理。而一些暂时没有出版上市公司,但该区域资本市场却相对活跃的省域,如北京、上海等地,很有可能是出于"稳健性"的顾虑,或者持观望态度,或者正在积极筹备相关的上市工作。由此可以解释,为何在不同区域文化政策的指导下,形成了各地出版上市企业不同的发展态势。

三 小结

出版上市公司的投融资行为是在一定的产业政策环境与金融市场环境下开展的。本章对近年来出版产业政策的变迁进行了梳理,认为产业投融资行为受到相关产业政策的约束,产业政策拐点的到来加快了出版上市企业的投融资进程。同时,随着近年来金融市场环境的不断优化,各省区资本市场亦随之涌动,以省域分布为表征的出版集团先后上市。此外,本章还分析了省域资本市场的活跃度与该地区出版企业上市积极程度的相关性,结论是二者并无显著的关联。这种现象可解释为出版产业具备着特殊的发展逻辑,出版资源省域分布的结构性失调呈现出缺失与冗余并存的局面。

第3章
出版传媒上市公司的投资行为分析

一 投资于出版主业

基于项目运作

1.项目募投基本情况

出版传媒上市公司基于项目运作的投资是所有投资行为中最为常见的形式,这一方面是基于证监会关于募集资金使用的细化要求,另一方面也是培育投资者信心,顺利获得项目融资的筹码。在出版业投融资实务中,项目投资与项目融资经常作为一组相对的概念出现,在一些表述中通常被合并称为"募投项目"。此处的募投项目是指,出版上市企业通过IPO或再融资募集来的资金投产的项目。

事实上,募投项目这一概念本身内含了项目融资与项目投资两个命题。其中,项目融资是一种以项目未来的现金流量和项目本身的资产价值为偿还债务的担保条件,以银行贷款为主要资金来源,以对项目发起人无追索权或只有有限追索权为特征的特殊融资方式。许多出版社在运作大型出版项目时,通过与外界合作的形式吸收外界投资,通过融资协议规定各方的权利和义务,以项目收益偿还投资并将所获收益在各方之间分配,这就是典型的项目融资。将项目融资的方式应用于出版产业的特殊优越性表现在:由于项目资金独立运营,不涉及项目以外的权利和义务,不会引起出版社产权关系的变化;项目投资方的目的主要是获得利润,项目运作一般由出版单位负责,出版单位有较大的主动性;由于只以项目资产和项目收益承担责任,不涉及该项目以外的资产和负债,所以不会给出版社带来财务风险。但需要注意的是,一些出版单位在融资过程中将项目交由投资方运作,这会导致出版物的内容和质量失控,带来政治风险和社会风险。因此,主管部门应在放宽社会资本对出版项目投资限制的同时,明确规定必须由出版单位负责项目运作,实现合作项目社会效益和经济效益的统一。①

项目投资则是一种以特定项目为对象,直接与新建项目或更新改造项目有关的长期投资行为。与其他形式的投资相比,项目投资具有投资内容独特(每个项目至少涉及一项固定资产投资)、投资数额较大、影响时间长(至少一年或一个营业周期以上)、发生频率低、变现能力差和投资风险大的特点。综观近年来我国出版上市公司的募投项目,总体来说比较符合以上项目投资的几大特点。关于募投资金的使用方向,证监会在2007年发布的《关于进一步规范上市公司募集资金使用的通知》中,明确提出要求上市公司"募集资金应按照招股说明书或募集说明书所列用途使用,未经股东大会批准不得改变"。另据2009年发布的首次公开发行管理办法,"发行人募集资金应当有明确的使用方向,原则上应当用于主营业务的扩大生产规模、开发新产品或者新业务、补充流动资金等"。金融政策明确规定了上市公司募集来的资金必须用于发展主业,这在一

---

① 李春生:《我国出版投融资体制改革探讨》,《中国新闻出版报》2008年8月21日。

定程度上限定了出版上市企业必须围绕主业开展多元化经营的战略方向。加之证监会明确要求出版企业在上市之前就要落实项目明细、明确资金的投向，这就决定了出版上市企业在拟定募投项目时，要兼顾其实施的可行性及预算的准确度。

笔者通过对近年来 7 家典型出版上市公司的募投方向进行汇总，得出结果如表 15 所示：

表 15　出版上市公司募投方向汇总表

股票名称	募投方向
凤凰传媒	经证监会［2011］1802 许可号《关于核准江苏凤凰出版传媒股份有限公司首次公开发行股票的批复》的核准，凤凰传媒向社会公开发行人民币普通股 A 股 50 900.00 万股，发行价格为人民币 8.80 元/股，本次发行募集资金总额为人民币 447 920.00 万元，扣除发行费用后实际募集资金净额为人民币 431 845.07 万元。截至 2012 年 6 月，凤凰传媒承诺将募集资金用于以下项目的投资： 　　大型书城（文化 Mall）建设项目（其中包括苏州凤凰国际书城、南通凤凰国际书城、扬州凤凰书城、镇江凤凰书城、姜堰凤凰书城）合计 10 855.00 万元 　　连锁经营网点改造项目 7 903.00 万元 　　文化数码用品连锁经营项目 7 494.00 万元 　　新港物流中心二期建设项目 34 990.00 万元 　　教育类出版物省外营销渠道建设项目 17 308.00 万元 　　基础教育出版数字化建设项目 35 350.00 万元 　　职业教育教材复合出版项目 2 523.00 万元 　　ERP 建设项目 20 059.00 万元 　　电子商务平台建设项目 5 110.00 万元 　　补充流动资金 25 000.00 万元
中南传媒	经本公司 2010 年第一次临时股东大会批准，本次公开发行 3.98 亿股 A 股，发行募集资金扣除发行费用后，将合计 185 221.56 万元按轻重缓急顺序投资于以下项目： 　　出版创意策划项目 29 695.00 万元 　　中南基础教育复合出版项目 20 013.00 万元 　　数字资源全屏服务平台项目 30 262.00 万元 　　湖南省新华书店区域中心门店改造升级项目发行板 31 982.13 万元 　　湖南省新华书店电子商务平台项目 9 888.00 万元 　　全国出版物营销渠道建设项目 9 772.43 万元 　　湖南天闻新华印务有限公司技改项目 19 991.00 万元 　　中南出版传媒集团出版发行信息平台信息系统建设板块 15 118.00 万元 　　补充流动资金 18 500.00 万元

(续表)

股票名称	募投方向
长江传媒	本次非公开发行自 2012 年 6 月起至 2013 年收官,共发行 173 965 824.00 股人民币普通股,发行价格为 6.73 元/股,高于本次非公开发行的底价。本次发行募集资金总额为 1 170 789 995.52 元 (约 11.7 亿元),扣除发行费用 29 604 843.83 元,募集资金净额 1 141 185 151.69 元 长江传媒此次募集资金将用于: 大型跨区域连锁文化 MALL 一期项目 教育数字内容服务运营平台项目 长江数字即时印刷连锁网络项目 长江合版网络印刷建设项目 跨区域文化智慧物流服务平台 体验式学前教育数字内容全程服务项目 银兴连锁影城项目 数字阅读与网络原创平台项目 补充流动资金 (据悉,在募集资金到位以前,这些项目已用自有资金投入运营,目前,部分项目已经实现盈利)
大地传媒	本次重大资产重组拟募集配套资金总额不超过 98 600.15 万元,拟用于投资以下项目: 发行集团经营网点建设项目 24 303.34 万元 ①河南省博爱县图书大厦建设项目 2 000.00 万元 ②河南省淮滨县新华书店图书音像综合楼项目 2 350.00 万元 ③河南省南乐县图书大厦建设项目 4 690.34 万元 ④河南平舆县新华文化商城项目 3 363.00 万元 ⑤河南省上蔡县新华大厦建设项目 1 700.00 万元 ⑥河南正阳县图书超市综合楼建设项目 4 000.00 万元 ⑦驻马店市图书影视艺术中心建设项目 6 200.00 万元 物流配送暨文化综合体运营中心项目 32 000.00 万元 数字内容发行平台项目 16 013.00 万元 本次交易现金对价支付 44 370.00 万元 合计 116 686.34 万元

(续表)

股票名称	募投方向
新华文轩	经扣除本公司就全球发售应付之包销费用及相关开支,并假设超额配股权并无独行使及发售价为每股 H 股 4.05 港元至 5.80 港元,全球发售之所得款项净额估计约 1 547 000 000.00 港元至 2 011 900 000.00 港元。本公司现动用该款项作以下用途: 约 436 900 000.00 港元设立零售门市或成立合营企业或收购当地现有连锁书店 约 529 600 000.00 港元用作支付设立本公司之教材及教辅发行网络,当中 66 200 000.00 港元用作加强本公司于四川省内之现有发行网络及扩大于四川省外之发行网络;余下 463 400 000.00 港元至 602 700 000.00 港元用于发展本公司于四川省境外主要用作发行教辅之发行网络 约 66 200 000.00 港元至 86 100 000.00 港元用作支付设立全国批发网络 约 132 400 000.00 港元至 172 200 000.00 港元用作支付收购或与跟本公司辅助支援及服务业务以及开发合作产品相关之出版机构合作 约 264 800 000.00 港元至 344 400 000.00 港元用作支付设立地区物流配送中心 约 39 700 000.00 港元至 51 700 000.00 港元用作支付发展 ERP 信息系统 余下所得款项净额约 77 400 000.00 港元至 100 600 000.00 港元将用作本公司一般营运资金 (注:倘本集团向非政府资助教材之事专利权不能于 2008 年春季学期后延续,将向全球发售所得款项净额中约 66 200 000.00 港元至 86 100 000.00 港元作进一步多元发展其合作产品;倘超额配股权获悉数行使,则全球发售之所得款项净额将增加约 241 200 000.00 港元至 310 900 000.00 港元)
皖新传媒	经本公司 2008 年第一次临时股东大会审议通过,本次发行募集资金将按轻重缓急顺序投入以下三个项目: 新网工程——安徽图书音像及文化商品经营网点建设项目。项目总投资为 48 000.00 万元,其中固定资产投资总估算为 40 000.00 万元 畅网工程——安徽图书音像及文化商品物流体系、信息化建设项目。项目总投资为 8 000.00 万元,其中固定资产投资总估算 7 000.00 万元 e 网工程——安徽数字广告媒体网络建设项目。项目总投资为 15 200.00 万元,其中固定资产投资总估算为 13 200.00 万元 上述三个项目合计总投资额为 71 200.00 万元,如本次发行的实际募集资金量少于项目的资金需求量,公司将通过自筹资金来解决资金缺口,从而保证项目的顺利实施。如本次发行的实际募集资金量超过项目的资金需求量,公司拟将富余的募集资金用于补充公司实际经营所需流动资金

(续表)

股票名称	募投方向
出版传媒	经本公司2007年第三次临时股东大会审议通过,本次发行募集资金按轻重缓急顺序投入以下四个项目: 设立辽宁出版策划有限责任公司(暂定名)8 646.00万元 辽宁北方出版物配送有限公司增资项目 16 839.00万元 北方图书城北方区域出版物连锁经营体系项目 26 246.00万元 补充中小学教材发行流动资金项目 18 650.00万元 合计 70 381.00万元 如本次发行的实际募集资金量超过项目的资金需求量,公司拟将富余的资金主要用于补充流动资金。如本次发行的实际募集资金量少于项目的资金需求量,公司将通过银行贷款等途径自筹资金来解决资金缺口,从而保证项目的实施

综观以上7家上市出版企业的项目募投情况发现:从募投项目的方向来看,7家出版上市公司大多围绕主业开展投资,主要用于硬件设施建设、软件系统升级、发行体系完善、新媒体业务建设等方向,剩余未规划资金则主要用于补充流动资金;从项目金额来看,新华文轩在募投资金的数额分布上具备较大弹性,这是由于新华文轩在香港资本市场上市,而H股对募集资金投向的披露要求相较A股宽松,故而在具体金额预算中存在着一定的约量估值范围。

从7家出版上市企业的主业投资情况来看,其对内容制作相关项目的投资主要有两种途径:第一,直接投资内容生产或者通过产业链的业务延伸向内容制作领域扩张。如辽宁出版集团上市后募集的资金中,有8 646万元(占12.28%)投向旗下的万卷出版有限责任公司,专门负责出版策划业务。对于以前主要以发行为主业的新华文轩而言,则属于后一种情形。经过近年来的努力,新华文轩成功地把业务触角伸向了图书策划出版领域,其于2007年策划出版的图书达2亿多码洋,投资策划了"文轩精致图文丛书"等一批广受读者欢迎的图书。第二,通过战略重组或并购获取优质内容资源。譬如江苏和海南两省新华书店集团的跨地区战略重组。①

对于出版集团实际募集的资金超过项目资金需求量的情况,根据有关规定,公司可以将富余的募集资金用于补充流动资金。由于图书出版行业发行环节的长周期性,导致了销售回款的周期较长,这就加大了公司的经营风险、财务风险。在销售资金回笼之前,公司必须准备一定的流动资金用于日常性的资金投入。②综观以上7家出版上市企业,均有募集资金补充流动资金的情形。

2.募投项目变更分析

出版上市公司的资金募集通常是基于对募投项目投资回报前景的期许。由于监管层不可能批准基于一种意向性协议或者类似战略规划性质的上市公司再融资计划,所以在一般情况下,必须要有相当详细和具体的募集资金投向才有可能获得批准。如果在募资后大规模变更募投项目,虽然不是不可能,但很可能对公司以后的再融资造成影响。由于现实募集到的资金数额与预期募集金额大多情况下并不相等,加之募投项目从初拟到实施通常要经历较长的论证周期,故而募投项目的具体名目在此期间有时会发生微调甚至推翻等情况。

据笔者对以上7家出版上市企业的调查统计,其募集资金的用途及金额自立项至具体实施期间完全没有发生过变更的相对较少。以下仅就中南传媒募投项目变更案例加以分析。中南传媒拟变更原募投项目"出版创意策划项目"的资金,用于收购中南博集天卷文化传媒有限公司部分股权并增资,拟变更原募投项目"数字资源全屏服务平台项目"的建设内容、实施主体和募集资金使用规模,将原项目的募集资金14 320万元(加其产生的利息为14 630万元)投资于变更后的数字资源全屏服务平台项

---

①② 龙阳:《我国上市出版传媒集团募集资金投向初探》,《出版发行研究》2008年第8期。

目,占募集资金净额的3.47%。新的数字资源全屏服务平台项目更加强调立足优势区域以及数字出版业务,华为的投资也为公司注入了技术支持和运营商资源。之前的募投项目计划寄望于打造一个覆盖所有屏幕的包含视频音乐等数字内容的全产业链,但在这方面公司并无先发优势,项目转型更符合公司的定位,也能更好地利用公司的优势资源。

中南传媒收购博集天卷表明,其在跨地域和跨所有制方面的并购取得了一定的突破,资源整合能力有所加强。中南传媒地处湖南,并购博集天卷一案能扩展其省外影响力,有助于公司更快地实现提升优质出版资源整合能力的目标。中南公告显示,截至2012年年末,"中南基础教育复合出版项目"以及"全国出版物营销渠道建设项目"尚未投入,"湖南省新华书店电子商务平台项目"投入进度为1.88%,"湖南省新华书店区域中心门店改造升级项目"投入进度为2.41%,"湖南天闻新华印务有限公司技改项目"36%,"中南出版传媒集团出版发行信息平台建设项目"31.09%。项目投资的运作和管理作为按时保量完成项目的制度性保障,与项目本身的重要性几乎同等重要。再完美的执行案,倘若缺乏执行力的话,同样有可能成为纸上谈兵。

3.项目投资运作的三个环节

出版上市企业项目投资的运作流程,通常可以粗略地划分为前期的评估论证、中期的执行管理以及后期的评价反馈。对项目的全过程进行计划、组织、指挥、协调、控制和评价,以期实现项目目标,保证出版产业的投资活动取得较好的社会效益和经济效益。

首先,募投项目的设计应充分考虑证监会关于募集资金使用的要求、市场前景、公司的实际运营能力等匹配性问题。合理的募投项目作为企业通过证监会审核的关键因素之一,募投项目在报送证监会之前往往需要送各地发改委备案,因此企业往往需要聘请专业的咨询机构撰写募投项目可行性研究报告,在投资前期对项目的可行性做系统的科学评估(如

PEST、SWOT、德尔菲等方法)。统计表明,项目前期的总体规划对项目投资成功率的影响占80%以上,同时也是投资管理控制中最重要的时机。如果前期准备阶段方案论证不充分,仓促上马,常会导致后期返工甚至重新规划,造成巨大损失。目前,业界已有不少出版上市公司项目被迫终止的情形发生。举例来讲,出版传媒预计于辽宁体验式文化广场建设项目中投资55亿元,计划投资回收期为2.5年,预计投资回报率为27.92%。但其在2011年发布的公告中称:"该项目受沈阳市政府总体规划和国家房地产政策调控、信贷收紧的影响,按原计划实施该项目所需的缺口资金在短期内筹集的难度加大,融资成本上升,风险因素增多,导致在预期时间内完成该项目并实现预期的投资回报率面临重大不确定性。截至目前,该项目并未进行实际投资,且出版集团已决定退出该项目。鉴于对该项目的投资已经不具备继续推进的可操作性,公司决定终止投资。"诸如此类的项目终止案例虽然并未导致实际的经济损失,但短期内对于出版上市公司的企业形象和股票市值无疑是个很大的冲击。另外,某些集团的子公司对于拟建投资项目"先斩后奏",未进行项目论证评估就自作主张,形成箭在弦上不得不发的既定局面,从而对集团总部产生"倒逼"的压力,进而影响项目评估的客观性和公正性,致使项目投资的最终失败,这也是缺乏前期系统科学评估的结果。

其次,项目中期的执行管理对于项目的顺利开展及投资回报率的实现有着至关重要的把关作用。事实证明,一个在论证阶段几乎完美的项目也有可能因为执行不力而遭遇滑铁卢,由此可见,项目中期的投资管理工作具有重要意义。通常意义上的投资管理旨在通过规范企业的投资行为,建立有效的投资风险约束机制,强化对投资活动的监管,实现投资结构和效益的最优化。作为一种重大的资本性支出,新建项目的投资直接关系到出版集团核心竞争优势的生成及战略目标的实现。基于此,基础性固定资产投资的决策与控制权应当归于集团总部,且需建立一套完善的决策程序。强化出版集团总部的战略管理地位,明确投资决策和资本运营中心功能,有利于集团各子公司的独立发展,并使集团总部从繁杂的企业日常管理事务中超脱出来,充分发挥"大脑"作用,对于投资规模较小的项目,可赋予集团子公司一定程度差异化的限额投资权。但各投资主体应逐级上报项目建议书,经集团总部评估同意后,方可向政府有关部门申请立项。

鉴于项目中期管理的重要地位,有学者曾指出"建立项目法人责任制是投资项目走向现代化管理的组织保证"。项目法人责任制的建立旨在明晰职权范围,由代表投资者利益的董事会和董事会领导下的项目经理及其团队组成。项目经理通过明确董事会的决策意图及授权范围,从而明确自身的权利与义务,这对于保证投资项目的顺利实施、投产后的经验管理及投资回收的经济责任有着重大意义。项目责任人要在有限的时间和预算范围内,领导项目团队实现预计目标。但从当前出版集团的投资管理方式来看,实现项目经理制还存在着相当的难度:一则集团缺乏兼具文化眼光及资本运营素质的复合型人才;二则在行业垄断政策的庇护下,容易滋生小富即安的惰性。基于此,建议在集团内部全面倡导学习型组织,同时对外引进富有能力和经验的"空降兵",以提升项目管理的水平。[①]

最后,作为完善出版企业投资决策管理体系的关键环节,项目运作评价反馈机制的建立对于企业项目运作的可持续发展,也有着不可小觑的作用。作为出版集团总部,应监督和调控其下属子公司投资项目的运营情况和资金收支情况。作为出版集团的战略性投资项目,应区别对待不同项目的投资效益评估:常规投资项目评估可按国家颁布的规范化的评估程序和参数进行。其中,效益评估侧重在投资收益率、投资回收期、净

---

① 李峥力、周伟:《出版集团项目投资管理刍议》,《出版经济》2003年第12期。

现值、折现系数等财务指标上;对于超越常规范围的项目应进行多目标衡量,应当在不唯经济效益的前提下看到项目之外的远期和附加价值,如那些能够带来新的经济增长点的项目,应该容忍其"有限程度的近期亏损",还要以市场占有最大化换取利润最大化的营销投资。诸如此类的投资项目需要管理者拥有政治家的眼光和魄力,熟知"项目内损失,项目外弥补"的运作智慧。

基于渠道整合

我国出版上市企业基于渠道整合的投资建设主要表现在,建立批发中心、零售中心以及物流配送中心。对于主业非发行业务或渠道尚不健全的出版集团来讲,此类投资行为属于一种近乎于补缺式的自我完善。

2008年5月9日,经原新闻出版总署和江苏、海南两省主管部门批准,我国首个跨地区战略重组的大型发行企业——海南凤凰新华发行有限责任公司在海口市成立。江苏省新华书店集团有限公司投入现金2.3亿元,占51%股权,海南省新华书店集团公司以全部净资产作价1.9亿元出资,占49%股权,合资组建股份制公司。此后,各大出版上市企业纷纷摩拳擦掌地上演出跨地域的整合。北方联合出版传媒(集团)股份有限公司于2009年6月发布公告称:"与内蒙古新华发行集团股份有限公司、天津出版总社签署战略合作框架协议,共同打造国内有实力、国际有影响力的大型出版传媒产业集团和战略投资者。"除此之外,出版传媒计划将募集来的资金主要投向出版策划业务、物流配送业务以及出版物连锁经营体系等项目,以期完善渠道建设。

出版企业在实现上市之后,不再满足于本行政区域内的市场,为了解决发行渠道相对单一及闭塞的问题,许多出版集团开始尝试借助于资本市场的资源整合功能及杠杆收购机制,投资建设省外发行渠道。有研究人员曾对中南传媒、天舟文化、中文传媒、新华传媒、出版传媒、时代出版、皖新传媒7家上市出版企业的募集资金投向进行过跟踪。研究发现,这

7家上市公司投向渠道建设的资金占募集资金比例的70%以上,只有少部分资金投入内容策划业务。① 可见,目前存在的区域壁垒仍旧是导致上市出版企业将募集资金主要投向省外发行渠道建设的重要原因之一。虽然出版集团进行省外渠道建设属于市场主体行为,本无可厚非,但从整个产业发展的角度考虑,这种做法必然会削减产业的整体效率,造成大量的重复性建设。从更深层次来讲,区域壁垒造成的更大问题是限制了资本在省际间的自由流动,这将使得许多跨区域的兼并重组计划夭折或搁浅,无法取得实质性的进展。从目前较短时段的产业实践来看,出版上市企业基于渠道建设的投资计划,其经济效益及最终的社会效果都还有待进一步的追踪观测。

基于战略设计

战略性投资是指为了企业未来而进行的投资,诸如兼并、重组、多元业务经营等形式,能够在相当长一段时期内影响企业的前途及命运。战略投资作为资本运营的重要手段之一,又可分为向内和向外两种指向。向内是引进战略投资者,向外是指成为其他行业与企业的战略投资者。在向内方面,出版企业上市前往往会向社会投资者定向发行一定量的证券,引进战略投资者,达到上市要求的股权结构并实现募集资金的目的。较为典型的案例如江苏凤凰出版传媒股份有限公司引入弘毅资本,实现股权多元化,为公司成功上市融资和跨越式发展奠定了基础。向外投资主要是指一些出版企业成为其他企业的战略投资者。本节所谓的战略投资主要指的就是后者。

按照产业经济学理论,资本运营至少分为5种形式,即实业资本运营、产权资本运营、金融资本运营、无形资本运营和风险资本运营②。实

---

① 曾少雄:《论促进我国新闻出版上市企业发展的三大政策》,《中国编辑》2012年第6期。
② 易春花:《中南出版传媒资本运营研究》,中南大学2011年硕士学位论文。

业资本运营作为资本运营的初级形态,基本上是一种多元化的经营,这在我国出版业中已经存在多年。当前我国一些上市出版发行集团所进行的房地产项目投资、基础设施建设投资都属于这一范畴。其他4种则是出版集团成长为战略投资者所需要重点考虑的资本运营形式。随着近年来出版上市企业经济实力的不断增强,向外进行战略投资的行为也日趋增多。例如,皖新传媒于2013年2月发布公告称,拟采用现金方式认购中文传媒非公开发行股份916万股,认购金额总计12 998.04万元人民币。[①] 向外投资行为的增多,表明一些出版企业在日常资金较为充裕的情况下,其向外扩张的需求也日渐强烈。

从目前各出版上市企业的战略投资规划及实际行动来看,我国出版集团还不完全具备在战略投资中使用兼并重组手段的条件:一是我国出版集团共有的资本平台尚未完全形成;二是我国出版集团的产权改革并没有到位,国有出资人"缺位"现象依然存在。但在现有条件下,我国出版集团的战略投资实践已有了如下几种形式的探索:一是集团母公司直接收购或者控股国有出版实体。如2009年12月31日,中国出版集团公司以51%的股份成功控股宁夏黄河出版传媒有限公司;2010年2月和5月,中国出版集团公司联合重组中国民主法制出版社和华文出版社。二是在保持国有控股的前提下,集团母公司与多元资本共同组成新的股份有限公司,利用多元化资本的股份公司进行战略投资。如湖南出版投资控股集团旗下的中南出版传媒股份有限公司在上市之前,通过私募形式吸引了湖南红马创业投资有限公司等5家公司出资4.55亿元,购买其非公开定向发行人民币普通股1.98亿股,进而以"中南传媒"的形式谋求上市。三是通过参股、换股等手段,既维护国有资产的保值增值,又向其他领域或企业拓展自身的经营触角。如中国出版集团与山东出版集团在

---

① 蓝有林、田丽丽、张攀:《上市书企互相参股带来什么?》,《中国图书商报》2013年3月12日。

2008年签署协议,双方约定在未来上市时相互持股1亿股。四是设立联合投资基金,不仅投资出版集团内部的优势项目和新的经济增长点,同时以"孵化器"的方式投资出版集团之外的利好项目。

虽然近年来我国传媒产业投资呈现出良好的发展势头,投资的速度和规模均有较大幅度的提升,但社会资本对传媒产业不同领域的投资呈现出明显的不平衡性。以传媒企业上市融资为例,截止到2012年8月,在我国深交所和上交所上市的传媒类企业60余家,其中提供数字内容与服务的企业达24家,占全部上市公司总数的40%,而上市企业数最少的则是展览展示与动漫动画行业,分别仅有2家,各占全部上市公司总数的3.0%(如图3所示),各领域投资明显不平衡。[1]

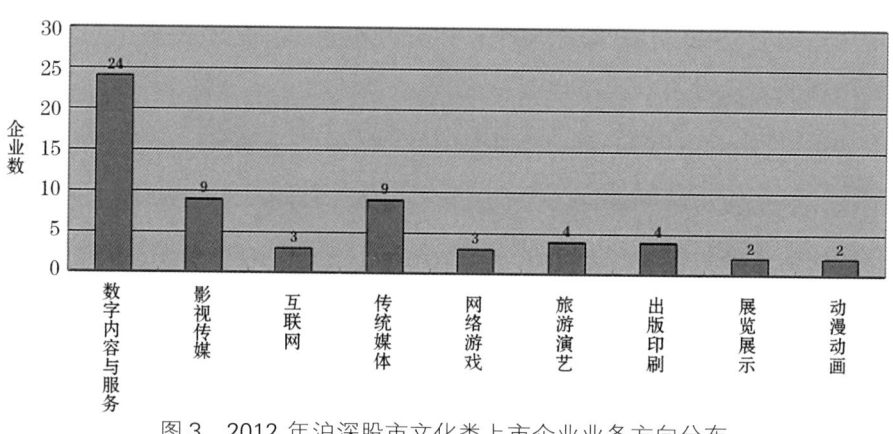

图3　2012年沪深股市文化类上市企业业务方向分布

从目前出版企业战略投资的具体业务方向来看,与数字出版相关的项目仍旧扮演着"核心题材"的角色。当前,数字阅读在潜移默化中颠覆传统阅读习惯的同时,也正在深刻地影响并改变着传统出版产业的格局。2008年5月,中国出版集团投资1000万元组建了"中国出版集团数字传媒有限公司",作为推进数字化战略的一项重要举措,致力于提升传统出版产业、促进传统出版业与数字出版的和谐共生,从数字内容有效监管、

---

[1]　辛阳:《中美文化产业投融资比较研究》,吉林大学2013年博士学位论文。

数字资产保护存储及数字资源管理与利用三个方面,为政府提供综合信息监管服务,通过组建数字出版产业联盟,实现出版产业价值链的创新。2008年,广东省出版集团成立了"广东省出版集团新媒体出版中心"。作为独立的运营机构,该中心主要负责统一收集、规范管理和综合利用集团所属各出版单位的数字内容资源和版权资源。依托集团原有纸质出版优势,开展电子书、电子杂志、数据库、网络出版物、手机出版物、动漫等新媒体产品的商业化运营。该中心于2009年向公司制发展,正式成立广东省出版集团数字出版有限公司。上海世纪出版集团的数字化出版起步更早,先后在10多个方面进行过商业模式的探索。同时,对外进行战略投资也十分重要,如一些出版集团成为新上市公司股权的战略投资者,或对证券和银行业进行投资等。内蒙古新华发行集团旗下东部各店,早在2002年就开始与辽宁出版集团进行跨区域连锁经营合作,2005年开始实施全区连锁经营。2009年6月,内蒙古新华发行集团会同天津出版总社与辽宁出版集团再次签署《战略合作框架协议》,宣告三地出版业将跨地区联合打造大型出版传媒产业集团和战略投资者。

出版上市企业通过战略投资,能够尽快提升出版集团的整体实力和品牌影响力,进而提升我国出版业在世界出版业竞争格局中的总体地位。战略投资机制的启动,将有利于以价格机制为基础的资本市场对出版资源进行高效率的配置,同样有助于尽快优化目前的出版产业结构,促使其由传统的教材主导型结构升级为教育出版、专业出版、大众出版的协调发展,最终形成传统纸媒出版和新兴数字出版共同发展的格局。

二 投资于传媒产业链

媒介融合的制度设计

早在20世纪70年代,随着计算机技术和通信网络的发展,一些学者开始用"媒介融合"(Media Convergence)来说明计算机与通讯系统的聚合关系。美国麻省理工大学媒体实验室的尼葛洛庞帝曾用三个相互重叠的圆圈,形象地代表了计算机、出版印刷和广播电影工业三者的技术边界。他认为这三个圆圈的交叉处将成为成长最快、创新最多的领域,并指出了上述工业正在逐步走向融合。有学者指出:媒介融合不仅是介质渠道量的简单累积,更是媒介属性的嬗变过程。① 近年来,随着媒介融合进程的不断深入,以互联网技术为核心纽带的媒介格局不断洗牌。技术的高速发展消融了传统媒体单一形式的传播特征,不仅将电视、手机、电脑都演进成为多媒体的传播终端,而且以集合文字、声音、图像、视频的综合性信息加工与传播形式,也越来越成为媒介融合与新媒体存在的标志。2010年1月,国务院常务会议决定加快推进三网融合,这标志着中国的三网融合已进入到实质推进阶段。在媒介融合背景下,传媒集团能够同时申请经营广播电视、互联网和通信网等多种业务,进行多媒体统筹策划,将采回的新闻素材用于集团旗下的各个媒体。通过集约化的加工运作,不仅省去了内部的交易费用,而且提高了资源的配置和使用效率。

2013年3月,文化管理体制改革渐次推行,国家原新闻出版总署与国家广播电影电视总局合并,组建成立国家新闻出版广播电影电视总局。近年来,随着科技的发展与新兴文化产品形态的出现,在国家管理层面提供一站式、全方位的管理服务,越发显得势在必行。此次机构的合并与调整将有利于减少相关部门的职责交叉,改善产业链管理的人为切割现象,提高管理效率,落实管理责任制;将会打破过去媒体业务分割管理的局面,初步实现"大文化"的统一管理体制,为广电新闻出版企业实现全产业链发展打开空间;将有利于统筹推动报刊社、出版社、通讯社、电台、电视台和互联网等新媒体的发展,加快构建现代传播体系,提高文化传播能

---

① 郭嘉:《三网融合背景下传媒产业媒介融合趋势探析》,《思想战线》2010年第1期。

力;将有利于新闻出版广播影视业做大做强,增强文化整体实力和竞争力;将有利于整合新闻出版和广播影视领域公共服务资源,提高公共文化服务的质量和水平。

产业格局变迁的总体方向是不断寻求交易费用较低的模式。然而,只有当制度供给者与制度需求者形成相对一致的偏好并能提供合理的制度时,制度变迁才能够真正得以推行。国家新闻出版广播电影电视总局的成立,意味着制度设计正在从技术、产业、市场、内容、服务的维度,转向适应传播科技的发展和媒介融合的新态势,突破其原有的管制架构,重新定位并解释,重构一个能涵盖各个通信传播部门的管理框架。机构合并的背后是部门职能的重新洗牌与合并同类项。从降低交易费用的角度来看,新机构的成立能够减少各部门之间由于信息闭锁及利益分割带来的交易成本,换取较为经济的制度运转效果。但如何平衡各部门之间既有的权责利划分,以激发出更具潜力的制度效率,还需要媒介融合的制度供给者做更高层面的思考。

并购重组的资本驱力

出版企业的并购重组通常表现为两个以上公司的合并、组建新公司或相互参股。其本质都是在市场机制的作用下,企业为了获得其他企业的控制权而进行的产权交易活动。并购重组作为资本运营的常见手段,能够通过价值链的上下游延伸,构筑出版、印刷、发行等一体化的纵向价值链,实现跨越式发展;能够帮助企业快速实现外部增长、提升品牌地位、增加利润、提高市值。具体来看,出版企业通过不同形式的并购重组分别具备以下优势:

第一,通过横向并购可以产生规模经济和企业协同效应,降低投资成本,减少重新投资带来的不确定性因素;同时也能提高行业集中程度和企业的市场地位,增强对外的市场主导能力。

第二,通过纵向并购可以降低交易费用,将出版行业的上下游企业置于同一组织内,稳定供需渠道和关系,确保生产经营的有序性与可控性;与此同时,还可以获得相对信息优势和价格优势,增强产品的差异化能力,提高企业的综合竞争能力和抵御风险能力。

第三,通过混合并购可以使企业从战略上充分利用和共享资源;通过合理配置及科学重组经营要素,尽可能地降低成本,最大限度地增加利润;通过多元化发展,分散企业的经营风险;等等。

在我国出版集团的发展过程中,兼并重组作为最重要的"助推器",政府对此也给予了明确的政策指导。[①] 2006年7月,《关于深化出版发行体制改革工作实施方案》指出,鼓励出版集团和发行集团相互持股,进行跨地区、跨部门、跨行业并购重组。2009年4月,原新闻出版总署在《关于进一步推进新闻出版体制改革的指导意见》中指出:通过支持跨地域、跨媒体、跨行业、跨所有制的战略重组,在三五年内,培育出六七家资产超百亿、收入超百亿的"双百亿"大型出版传媒集团。2012年2月,原新闻出版总署又出台了《关于加快出版传媒集团改革发展的指导意见》,鼓励出版传媒集团对业务相近、资源相通的中央和地方出版企业进行兼并重组,实现跨地区发展;鼓励出版传媒集团兼并重组新闻出版领域以外的其他国有企业,实现跨行业发展。

据不完全统计,2007—2010年间,我国出版集团跨地域、跨行业、跨所有制的整合大事件多达二十几起。随着一批重量级出版集团的上市以及更多新闻出版单位成为市场主体,兼并重组再掀波澜。一些出版集团在完成转企、股份制改造之后,开始加速展开跨地域、跨媒体、跨行业和跨所有制的兼并重组,期间的成功案例颇多。例如,深圳发行集团与海天出版社、江西出版集团与和平出版社、吉林出版集团与中华工商联合出版社,都是以资产为纽带的跨地区企业重组。2007年12月,经原新闻出版

---

① 蔡翔、陆颖:《我们出版的方向——深化出版体制改革问题研究》,中国传媒大学出版社2014年版。

总署批复,江西出版集团重组中国和平出版社,改制为中国和平出版社有限责任公司,此举拉开了我国出版业跨区域重组的序幕。2008年5月,凤凰出版传媒集团并购重组海南新华书店,成立海南凤凰新华发行公司,标志着国内出版发行企业开始打破区域垄断。2009年,安徽出版集团签约重组安徽省中国旅行社,实现跨行业重组。2009年,长江传媒股份有限公司所属的湖北教育出版社与民营出版策划人王迈迈组建湖北商文出版传媒股份有限公司,实现跨所有制的重组。

近20年来,欧美出版业的并购重组浪潮风起云涌。2007年,私募基金公司Apax Parters以77.5亿美元收购汤姆森学习出版集团,成立圣智学习出版集团,后者一举成为全球最大的定制学习方案提供商之一。与此同时,我国出版企业的并购行动同样有愈演愈烈之势。2006年1月,长江出版集团跨媒体收购湖北海豚卡通有限公司,此次收购为国有出版集团收购民营企业第一案。2007年11月21日,博瑞传播以人民币6380万元收购北京手中乾坤信息技术有限公司(北京手中乾坤信息技术有限公司在中国移动全国SP排名中处在第20位,主要从事WAP网站的运营和手机游戏的开发、运营)20%的股权,实施跨媒体发展并购。并购整合中最关键的因素在于,如何将并购目标的业务融入企业的价值链中,打造完整的、具有竞争力的价值链。如果解决不好这一问题,将会给企业未来的发展带来不利影响。以电广传媒为例,其所并购的许多产业(如地产业)与其核心的传媒业务并无关联,企业无法实现价值链层次的整合,以致企业在经营活动中不得不付出更多的管理成本,经营效益相对低下,为企业未来的发展埋下了极大的隐患。[①]

组建出版资本主导的大型传媒集团

组建全产业链结构的传媒集团,其本质在于利用同一内容资源在空

[①] 魏鹏举、周正兵:《文化产业投融资》,湖南文艺出版社2008年版。

间和时间维度进行重复延伸使用的结构:一方面,通过纵向延伸,将上下游各产业要素有机地连接起来;另一方面,通过横向融合使传媒产业各领域内在地沟通在一起,从而实现内容资源的深度开发及内容产品的增值。此类传媒集团以内容资源的深加工能力为核心,以多媒介的传播渠道为手段,构筑以内容为核心的横向价值链。如辽宁出版集团在首次公开募股时引进了辽宁电视台广告传播中心作为战略投资者,其目的就是利用辽宁电视台所拥有的频道内容资源及广告传播中心的制作资源,拓展其在广告内容制作和传播的业务领域,完善企业发展的横向价值链。①

从当前出版上市企业的运作实践来看,经过转企改制及股份制改造的出版集团普遍将名称改为"出版传媒集团公司""出版传媒股份有限公司",其用意在于两个方面:一方面通过打造以出版为基础,融合影视、报纸、期刊、网络的"全媒体"出版传媒集团,打通各种媒体的政策和资本边界,实现其市场占有率和经济获利能力的跨越式增长;另一方面则表明"股份制"改造本身即为其他资本的介入提供了方便之门。② 从出版类集团与发行类、影视类集团的横向对比中不难发现,出版类集团的产值规模更大,上市公司数量也更多,从兼并整合的角度看,出版集团掌握着一定的先机。多数地方出版集团的综合实力强于地方广电集团。

出版集团定位于进行"全媒体"信息生产的"出版传媒集团",有如下两方面理由。

一是国际趋势使然。近年来出版国际巨头纷纷以"传媒集团"为战略目标。国际出版集团有4种类型,即工商业企业集团中的出版集团、传媒帝国中的出版企业集团、多媒产业链中的出版企业集团和专业性出版企业集团。尽管前3类出版集团在全球范围的出版业市场中占据重要地位,但在其母集团中,这些出版集团的收益比重最高仅占10%左右。在其

---

① 周正兵:《我国出版集团产权改革中引进战略投资者的思考》,《出版发行研究》2009年第2期。
② 刘伯根:《出版集团战略投资论》,新星出版社2011年版。

母集团中,这些出版集团所承担的使命主要在于,完善母集团的产业链和价值链,而非获取经济效益。第4类集团中的典型代表如培生集团,尽管相对严格地定位在出版方面,但培生的出版已经发展出"大出版"的雏形,产业范围也扩展到了报纸、电视节目、培训、网络等诸多方面。国际出版集团历年的拆分和重组、出售和兼并,其实都是围绕着打造"全媒体"的传媒集团进行的。

二是我国出版集团现有的出版结构,为打造传媒集团奠定了一定的框架基础。在我国各大出版集团旗下,图书出版物普遍为传统支柱业务,但同时也都拥有音像制品和电子出版物的出版资质,有的还拥有报纸和期刊。如中国出版集团拥有30多家各类出版社、49家期刊和3份报纸。当今出版集团内部并不缺乏媒体资源,但是长期以来重书轻刊,重纸介质出版轻音像、电子、数字出版,重传统出版轻影视和其他文化形态经营的心态及传统,使得集团内部对媒体资源不够重视,没有发挥媒体资源的全能优势。近年来,传统出版物获利能力持续低迷的事实业已表明,出版集团依靠原有的图书出版,仅仅定位于"图书出版集团"已经难以发展了。出版集团进军大众媒体,将自身的战略定位在"传媒集团"已经不可逆转。不可否认,出版集团现有的图书、报纸、期刊等媒体资源,行业垄断性强,竞争优势明显,经营起来驾轻就熟;而在网络出版物和网络媒体的开发上,相对来说比较欠缺。近年来愈加开放的政策正在致力于消弭传媒行业间的边界,加之出版资本市场的不断完善及融资渠道的增多,出版集团完全可以依靠政策和资金优势,与各地的电视台、影视制作公司、大众类报刊和产业链接近的网站结盟或兼并收购,从而快速成长为以出版为传统阵地、全媒体集聚的现代出版传媒企业集团[①]。

由此可见,组建以出版资本为主导的大型传媒集团,不仅具有可行性

---

① 刘伯根:《出版集团战略投资论》,新星出版社2011年版。

而且很有必要性。从当前的媒介发展格局来看,为了获取规模经济的收益,必须以集团的核心竞争能力和媒介资源为主导,依托传统产业进行辐射式发展,以新媒体的发展带动传统出版的升级换代,以传统出版支撑新媒体的可持续发展,从而达到优势互补、利益共赢的局面。

三 投资于不相关行业

出版上市公司多元化投资的偏好分析

出版集团一旦完成上市,晋升为公共企业,就不再单纯地以企业自身的意志为转移,而是必须以保证一定的市盈率为经营活动的目的。由于出版产业本身并不属于暴利行业,这就使得已上市的出版企业难以在传统产业领域内寻找到适合且高回报的项目,进而不得不将投资的触角延伸到其他不相关的行业领域。事实上,投资不相关产业的实质就是进行多元化投资。从已经上市和即将上市的出版集团来看,主业漂移现象已经初现端倪。

基于收益最大化与分散风险的投资原则,出版上市企业进行多元化的投资规划,应当算作企业发展战略的一种实现方式,其本身并无优劣高下之分。通过实现资产的战略性重组,开展跨行业的多元化经营,进入投资回报率较高的产业,不仅仅是企业生存发展的某种"本能",事实上也是其应对同行业竞争,积极拓展生存空间的一种表现。20世纪60年代开始,多元化的投资策略逐渐为西方发达国家的出版集团广泛采纳,如贝塔斯曼和维亚康姆,都曾成功地运用多元化投资战略进行扩张。从近年来出版上市企业的募投资金流向来看,受证监会相关政策及出版行业特殊属性限制,出版上市企业中完全偏离主业的投资目前只占少数,其更多是以主业为核心的"擦边球"式的行业外投资行为。

目前,有些出版上市企业将发展"文化地产"作为实现"做大做强"的一条战略"捷径"。从近年来出版上市企业的募投态势看,几乎所有的出版集团都在运作规模可观的地产项目,有的是盘活原有出版社、新华书店门店的资产,有的则是新投资的地产业,不少集团还成立了专门的地产经营公司。有业内人士指出,所谓的"文化地产",文化只是一个标签而已。上海世纪出版集团前总裁陈昕指出,那种一谈多元化就主张进入房地产、旅游、宾馆业的做法是有问题的。但问题是,仅靠传统出版业实现资本扩张、做大做强的目标,是极其困难的。以提高综合实力反哺书业主业,似乎成了当下的共识和现实路径。[①]

此外,各地出版集团纷纷投入巨资兴建自己的物流配送中心,这种打着"完善出版产业链"的投资行为,其本质也是一种"圈地"行为,且经济效果在目前看来并不尽如人意。一方面,面积巨大、设施先进的配送中心面临着有效市场需求不足的尴尬,不仅造成大量浪费,而且加剧了省域市场的壁垒,阻碍了全国统一大市场的形成;另一方面,大肆"圈地"不仅挤占了发展出版主业所需的资金,增大了出版集团的债务包袱,而且"土地增值"给出版集团带来的资产扩张,又夺走了出版集团的关注重点。有学者认为,出版业集团化建设的这些年,其产值的增加并非来自出版物的销售或出版业的文化贡献,而主要来自土地增值、物流配送中心等基础设施的资金投入。这是一种本末倒置,经济泡沫化的行为。[②]

美国战略管理学家马凯兹曾提出"归核化战略"的新概念。按照企业的经营战略将企业成长历程总结为专业化、多元化和归核化三个阶段。归核化意指多元化经营的企业,将其业务集中到资源和能力具有竞争优势的领域。归核化强调企业的业务与核心能力的相关性,强调资源向核心业务集中。归核化战略的基本思想是剥离非核心业务、提升业务间的关联度、回归主业并保持适度相关的多元化。投资领域的确立,应预先排

[①] 伍旭升:《反思当前出版发行集团上市热潮》,《现代出版》2011年第3期。
[②] 刘伯根:《出版集团战略投资论》,新星出版社2011年版。

除任何偏离集团核心能力有效支持的投资活动(西方称之为"核心偏造"),对于背离战略发展的投资项目,即便在近期有一定的经济效益,但基于长远利益的考量,也应果断地将其舍弃,以聚合资金增强核心业务的竞争能力。对于具有特殊产业属性的出版业来说,不仅关系到投资者的切实利益,还关系到国家的文化安全,尤其应当密切围绕着主业展开归核化的战略投资。

目前我国出版业的资本运作能力还有较大的提升空间,管理经验和经营能力都比较欠缺。在具体项目的投资过程中,出版传媒集团应基于集团发展战略布局对项目进行充分的可行性分析,使投资项目既符合国家的产业政策,又能满足投资者的回报要求。出版集团在募集资金的使用过程中,不仅仅要考虑投资项目的盈利能力,还要考虑其在构建出版传媒集团核心竞争力、实现可持续发展等方面所发挥的战略意义。在进行多元化投资的时候,应该考虑拟拓展的业务与出版主营业务是否具有相关性,能否产生协同效应。[①] 基于此,出版上市企业应该以主营业务为主,慎重采用多元化的投资策略。

出版上市公司进行委托理财及证券投资组合的优化

1. 证监会关于上市企业进行委托理财的认定

2010年《中国文化产业投融资基本供求状况》的调查报告显示,受调查的3000家文化企业中,近60%缺乏对各种投资模式的了解。鉴于这类企业对于资本运作的天然隔膜感,委托理财业务应运而生。此处的"委托理财"是指专业管理人接受资产所有者的委托,代为经营和管理资产,以实现委托资产增殖或其他特定目标的行为。从本质上来讲,委托理财实际上是资金闲裕的企业出让其资金使用权的情形。近年来,一些上市出版企业每年会将一定比例的闲散资金用来购买银行的投资理财产品,以保证闲散资金获

[①] 龙阳:《我国上市出版传媒集团募集资金投向初探》,《出版发行研究》2008年08期。

得一定的增殖。通过持有行业外的证券品种,不仅有利于分散投资风险,同样也使得存量资产的配置趋于合理。

出版传媒集团所募集的资金必须遵循以下投资原则:除满足投资者对投资回报的要求外,还要符合监管层的双层监管。然而,证监会对于上市企业的资金使用问题有一个政策变迁的过程。证监会在2007年发布的《关于进一步规范上市公司募集资金使用的通知》中指出:"募集资金应按照招股说明书或募集说明书所列用途使用,未经股东大会批准不得改变。募集资金的使用必须符合相关法规规定,禁止上市公司挪用闲置募集资金参与新股配售、申购,或用于股票及其衍生品种或可转换债券等的交易。"

近年来,随着资本市场的不断发育及完善,证监会关于资金使用的规制亦有所松动。证监会于2012年发布的《上市公司监管指引第2号——上市公司募集资金管理和使用的监管要求》明确指出,可以适当放宽募集资金用途,为上市公司留出空间,提高募集资金使用效率。其中,监管指引一个重要的变化体现在其允许上市公司使用闲置募集资金购买安全性高、流动性好的投资产品[1],比如固定收益类的国债、银行理财产品以及其他投资产品等。同时,为了保证资金安全,增加了投资产品发行主体应提供保本承诺,不得影响募集资金投资计划正常使用,投资产品不得质押、专用结算账户不得用于其他用途等规定。

2.出版上市企业证券投资组合分析

投资组合原指由投资人或金融机构所持有的股票、债券、衍生金融产品等组成的集合,其目的在于分散风险,获取最大化的收益。笔者根据出版上市企业通过官方渠道公布的数据,汇总了5家企业的证券投资组合情况,详见表16—20:

---

[1] 根据《上市公司监管指引第2号——上市公司募集资金管理和使用的监管要求》:暂时闲置的募集资金可进行现金管理,其投资的产品须符合以下条件:(一)安全性高,满足保本要求,产品发行主体能够提供保本承诺;(二)流动性好,不得影响募集资金投资计划正常进行。

表16 中文传媒证券投资情况(截至2012年12月31日)

序号	证券品种	证券简称	初始投资金额(元)	报告期损益(元)
1	股票	华鲁恒升	195 656 000.00	-19 301 174.02
2	股票	中国石油	11 172 300.00	-4 896 348.17

表17 皖新传媒证券投资情况(截至2013年6月30日)

序号	证券品种	证券简称	初始投资金额(元)	期末账面值(元)	报告期损益(元)	股份来源
1	股票	交通银行	1 455 562.00	3 632 967.18	—	设立发行认购
2	股票	中文传媒	129 980 400.00	156 178 000.00	916 000.00	非公开发行认购
3	基金	黄山1号	15 000 000.00	20 018 045.45	—	购买
4	基金	南方宝元	40 000.00	128 965.76	—	购买

表18 长江传媒证券投资情况(截至2013年6月30日)

序号	证券品种	证券简称	初始投资金额(元)	期末账面值(元)	报告期损益(元)
1	股票	交通银行	15 315 776.00	62 335 208.32	-26 413.20
2	股票	长江证券	4 063 586.00	32 142 965.26	—
3	持有非/拟上市公司股权	汉口银行股份有限公司	200 000.00	376 380.00	—

表19 出版传媒证券投资情况(截至2012年6月30日)

序号	证券品种	证券简称	初始投资金额(元)	期末账面值(元)	会计核算科目	股份来源
1	股票	中国石油	4 051 540.92	2 080 314.45	可供出售金融资产	购买
2	股票	华泰股份	1 590 713.54	563 046.12	可供出售金融资产	购买
3	持有非/拟上市公司股权	中天证券有限责任公司	198 000 000.00	198 000 000.00	长期股权投资	参股
4	持有非/拟上市公司股权	铁岭新星村镇银行股份有限公司	8 000 000.00	8 000 000.00	长期股权投资	参股
5	持有非/拟上市公司股权	天津信托投资公司	88 000.00	88 000.00	长期股权投资	购买

表 20 　时代出版持有其他上市公司股权情况(截至 2012 年 12 月 31 日)

序号	证券品种	证券简称	初始投资金额(元)	期末账面值(元)	报告期损益(元)	会计核算科目	股份来源
1	股票	交通银行	2 588 106.60	9 684 212.98	196 036.70	可供出售金融资产	购买
2	持有非/拟上市公司股权	东方证券股份有限公司	43 150 000.00	43 150 000.00	650 000.00	长期股权投资	受让股权
3	持有非/拟上市公司股权	华安证券有限责任公司	139 000 000.00	139 000 000.00	1 600 000.00	长期股权投资	受让股权
4	持有非/拟上市公司股权	贵阳市商业银行股份有限公司	13 292 400.00	13 292 400.00	440 000.00	长期股权投资	受让股权

从整体来看,上述出版上市企业根据各自的财务情况,其分别用于投资理财的金额从几千万元到几亿元不等,投资品种也各异,涵盖了银行和信托理财产品、货币市场基金、打新股、股权投资等,投资期限亦从 2 个月到 2 年长短不一。其中,大额理财投资资金主要来自于超募资金,且大多选择风险较低的银行、信托理财产品,以求获得相对稳定的投资收益。

举例来讲,中南传媒 2012 年对外委托贷款取得的收益为 1 465.78 万元,其中,2012 年 8 月公司向湖南省高速公路建设开发总公司(下称"高速公路公司")发放期限为 2012 年 8 月至 2013 年 2 月的银行委托贷款,年利率为 6.4%,2012 年度确认投资收益 465.78 万元;2011 年 8 月公司向湘电集团有限公司发放期限为 2011 年 8 月至 2012 年 5 月的银行委托贷款,年利率为 8%,2011 年度确认投资收益 826.66 万元。中南传媒在诸多出版传媒上市企业中尚属业绩理想者,但尽管如此,其也曾被公众投资者指责为"募投项目进展缓慢,大量募投资金闲置,将自有闲置资金用来进行低息委托贷款,资金使用效率低下"。

关于出版上市企业进行证券组合投资的行为,有学者认为,此举有些本末倒置,与其投入大笔资金进行理财,不如振兴主业,通过提高主营业务业绩的"正道"回报投资者。也有学者认为,此举无伤大雅,其本质是出版企业在主业低迷、重组无望的情况下进行的一场"自救"。笔者认为,上市公司将闲置资金进行理财投资,以资本增值的方式回报股东,其初衷是良好的,但该行为导致的结果有利也有弊,一定程度上存在着加剧公司经营风险的可能性。

四 小结

本章遵循当前出版上市企业的真实投资方向,按照项目投资、渠道投资、传媒产业链投资、其他行业投资几个维度,对目前出版上市企业的投资偏好予以分析。其中,项目投资作为上市企业最为常见的资金流向之一,实际上在宏观层面包含了其他几种投资模式,即诸如渠道投资、传媒产业链投资、其他行业投资等,在实务操作层面都有可能以项目募投的方式出现。在此只是为了框架的平衡性及表述的清晰性,罗列了其他几种投资视角。

第 4 章
出版传媒上市公司的融资行为分析

在对出版上市企业的融资行为进行分析之前,有必要对一般意义上的企业融资行为进行分类(如图4所示)。作为公众企业的出版上市公司,其外部融资来源大致可以分为直接融资、间接融资和财政划拨。

其中,直接融资指直接面向投资者融通资金的形式,主要通过发行股票、债券等信用工具吸纳社会分散的剩余资金,直接投入到有资本需求的项目及企业经营活动中去。直接融资的突出优点是,可以使分散的社会资本成为建设性产业的长期资本,从而极大地盘活资金,加快资本流通。

间接融资指通过银行等金融中介机构所进行的融资活动,即通过吸纳社会分散的存款,以贷款的方式为项目或企业的运营提供资金,满足经济发展的资本需求。间接融资作为一种最为传统的基础性融资方式,在市场经济还不成熟、资本市场还不完善的经济环境中尤其普遍。

财政划拨作为一种政策性的投融资行为,它既不同于无偿拨款,也不同于商业性投融资。由于财政划拨的本质并非遵循市场经济的逻辑,所以在本章中并不涉及此种融资方式。对于当前的出版上市企业来讲,最常用的融资方式有股权融资、债券融资、银行借款等,将于以下章节细述。

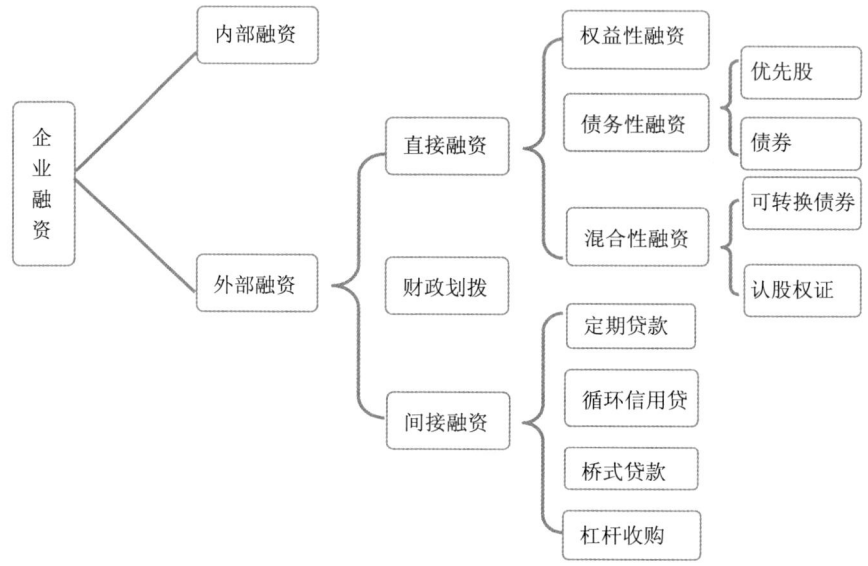

图4　企业融资方式分类示意图

一　股权融资

出版上市公司的股票发行情况

大多数股权融资属于外源融资,即向本企业之外的其他经济主体筹措资金,在不增加企业负债的同时,于短期内获得大量稳定且长期的资金。股权融资具有无到期日、无需归还、无利息压力的优点,非常适合企业的长期发展。作为企业进行改制重组的最重要途径,股权融资可使企业快速实现正规化、公司化运营。但与此同时,股权融资对企业自身实力和资本运作的能力要求较高。股权融资的上述特点正好能够解决我国出版业长期以来积累少、自有资金不足、现阶段又需要大量资金投入的矛盾。

股票发行作为资本运营的高级形态,能够为企业在一级市场募集到较为充裕的发展资金。在为企业发展融得大额资本的同时,也为公司后续发展建立了持续融资的平台,即上市企业还可运用增发、配股、可转债、权证等一系列方式开展资本运营。目前,出版业基本由增量增长发展到了存量整合的阶段,并购整合将成为下一阶段的主题。这个过程需要大量的资金支持,上市融资恰好为其实现区域整合、行业整合提供了坚实的资金基础。但也有学者指出,在股票发行的同时,为了避免管理权和控制权的转移给出版业带来的负面影响,必须把握好出版上市企业股权结构中国有股和其他投资机构持有股份的比例均衡点。

根据笔者的汇总统计,截至2013年9月24日,各家出版公司自上市以来向股东募集资金及派现情况如表21所示:

表21 出版上市公司融资及派现情况一览表(单位:亿元)

股票名称	融资次数	募集资金	分红次数	累计派现	派现金额占募资金额的比例
凤凰传媒	1	44.79	3	7.63	17.04%
中南传媒	1	42.43	3	6.47	15.25%
长江传媒	5	20.81	5	1.28	6.15%
中文传媒	3	14.19	8	5.32	37.49%
皖新传媒	1	12.98	4	4.19	32.28%
出版传媒	1	6.50	4	0.75	11.54%
时代出版	3	6.18	6	2.71	43.85%
大地传媒	1	1.10	2	0.07	6.36%

由于各家出版上市企业的股本总数及上市时机不尽相同,因此对其股票发行价等相关信息进行横向对比,并不具备研究的相关性价值。故在此只是汇总各只股票的融资及分红次数、募集资金总额及累计派现的

数额。从表21中不难发现,凤凰传媒在8家出版传媒上市企业的一次性融资数额对比中,处于领先地位,其累计派现的总金额也相当高。由此可知,凤凰传媒在资本市场中的融资能力较强,中南传媒则紧随其后,各项数据指标显示其在资本市场中亦有良好的表现;对于融资能力相对较差的出版传媒、时代传媒、大地传媒3家出版上市企业,其资本运作能力有待提升。从各家上市公司派现金额的相对值来看,时代出版回馈给投资者的收益最为丰厚,其派现金额占到了募资金额总数的43.85%,遥遥领先于其他几家出版上市企业。

与表21形成参照的是近年来互联网上市公司于境外募资的成果。自我国加入WTO以来,伴随着高速增长的经济奇迹和巨大市场潜力的释放,加之海外上市门槛的降低及国外资本市场对"中国概念"的认可,数字出版产业越来越成为海内外资本市场的一个兴奋点。虽然目前境内上市的出版企业多是以传统出版业务为核心题材,但发展数字出版,实现传统出版与数字出版的互利共赢,已经成为当前国内多家出版上市企业的战略性共识。通过对近年来互联网上市企业海外募资情况进行调查统计发现,我国互联网企业间的融资数额差距较大,且这种差距要远远大于境内出版上市企业之间的融资水平差异度。纵然融资数额的大小并不一定完全与企业的真实融资能力画等号,但却可以从侧面反映出资本市场对于某家上市企业的期望值及其品牌认同度。笔者汇总43家互联网上市公司近年来的融资数额发现,除去阿里巴巴[①]以131.3亿港元的绝对优势远超其他企业外,另外42家企业的融资额度从5 000万美元至10.44亿美元(2011年8月数据)不等,与我国境内的出版上市企业1.1亿元人民币至44.79亿元人民币(2013年9月数据)的数据相比较,我国互联网企业利用境外资本市场进行融资的平均水平,整体高于境内出版上市企业。

---

① 此处的互联网企业并非皆涉及"数字出版"业务,如阿里巴巴就不属于严格意义上的数字出版企业。

出版业战略投资者的引进与培育

作为股权融资的方式之一,向内引进与培育战略投资者成为近年来我国出版上市企业的重点工作。这里所说的战略投资者,是指符合国家法律、法规和规定,与发行人具有合作关系、合作意向和潜力,并愿意按照发行人配售要求与发行人签署战略投资配售协议的法人,是与发行公司业务联系紧密且欲长期持有发行公司股票的法人。战略投资者通常具备资金、技术、管理、市场、人才方面的优势,拥有较好的实业基础和较强的投融资能力,能够促进产业结构升级,增强企业核心竞争力和创新能力,拓展企业产品市场占有率,致力于长期投资合作,谋求获得长期利益回报和企业可持续发展的境内外大企业、大集团。

随着资本市场相关政策的完善,我国在新股发行中得以引入战略投资者,且允许战略投资者在发行新股中参与申购。出版企业在上市之前往往会向社会投资者定向发行一定量的证券,以引进战略投资者并达到募集资金的目的(即通常所说的私募[①])。引进战略投资者不仅可以满足资金的需求,更重要的原因在于,这也是优化股权结构和战略发展的需要。企业可以从产业链上考虑,选择行业内的强者或自己所不具备的产业链要素。如从业外引进诸如电信、移动或新媒体公司作为股东,以弥补出版在这些强势领域中资源、经验与人才的不足。2009年7月,中南出版传媒与达晨创投等5家战略投资者共签署了4.55亿元的融资协议,这是在国内出版行业首次采用非公开定向发行新股的方式引入战略投资者。中南出版传媒增资扩股没有采取常见的共同发起设立的形式,而是采用新股发行询价的全新市场化发行模式,确保了国有资产的保值增值,开创了国内出版传媒企业股改上市的新方式。此举既实现了融资的目

[①] 私募往往是作为公司上市融资前的一个阶段,当公司的盈利模式经过市场的考验,即开始考虑私募,较迅速地从资本市场获得一定资金,并为公司今后选择公开上市铺路。私募所发行的证券无须向证券监督机构进行证券发行申报和证券注册登记,通常只需在发行后备案即可。

标,又完成了股份制改造,为中南出版传媒 IPO 上市铺平了道路。①

出版业的政策屏障既是出版业对战略投资者最大的吸引力,又是保证出版集团在经济实力并不占优的情况下,能够主动选择战略投资者的前提。出版业属于特种行业,在我国产业市场上又属于垄断性行业,这意味着我国广阔的市场以"基本封闭"的形态呈现在其他行业资本与国外资本的面前。极具潜力而又面向庞大的国内、国际市场,这是出版集团对战略投资者的最大诱惑。在出版企业上市之前,对国有出版集团进行股份制改造,引入战略投资者,实现股权多元化,建立和完善现代公司治理制度,是国有出版集团产权改革的必经之路;在出版企业上市之后,战略投资者的引入可以促进企业股权的多元化,克服"一股独大"现象引发的"内部人控制"弊病,保障中小股东的权益,实现出版企业的产业链重构,加强其赢利及抗风险能力,进而提升企业的竞争力。②

从选择战略投资者来说,出版上市企业既要做到不为资本所左右,坚守出版业自身的思想与文化宣传阵地,又要遵循出版集团的战略定位和打造核心价值链的原则。具体来说,目前出版企业引入战略投资者大致有六种合作方式。一是出版企业之间的战略互换。这是打破省域壁垒,形成全国统一有序竞争大市场的重要举措,也是以"互补"的方式达到出版资源的最大化利用。广阔的西部市场缺乏优秀的出版资源,而出版资源高度集中的北京、上海等地,可以考虑向西部输出出版资源,"以资源换市场"将使双方共赢。二是国内以银行为代表的金融类机构。对金融类机构而言,出版企业在获得战略投资的同时可以保证自主经营。三是影视报业等传媒机构。这些企业既可以带动出版企业既有的平面媒体资源,又可以通过"版权链接"的方式在各自平台上增值出版内容。事实

---

① 中国出版科学研究所出版集团研究课题组:《2009 年出版集团改革创新十大亮点》,《出版参考》2010 年第 7 期。
② 唐溯:《中国出版资本市场发展攻略:裂变时代》,湖南人民出版社 2012 年版。

上,图书与影视、动漫等形式的转换已经出现多年,也大都实现了双赢。这些媒体联姻为进行战略投资提供了很好的基础。四是以中国移动为代表的垄断性国有信息类企业。这些资金雄厚的国有企业在经营内容上与出版有内在的联系,可以增值开发并分享信息内容资源。五是吸引金融投资机构。如湖南传媒投资控股集团旗下的"中南传媒"吸引了深圳达晨创投等5家战略投资者4.55亿元的资金,以谋求上市融资。[1] 六是国外出版传媒资本。国外出版传媒资本对于进军中国传媒市场早已摩拳擦掌,阻挡这些资本进入的壁垒事实上已经摇摇欲坠。这是我国出版集团"走向世界"不得不借用的资本。可以预见,这些资本所带来的并不仅仅是资金,还有先进的管理模式、全球性的销售网络、畅行欧美各国的国际标准以及西方的读者群体。在引入此类战略投资者时,我们必须有明确的政策限定,也必须有充分的心理准备。在积极引入战略投资者的同时,也要高度重视维护国家文化安全和意识形态安全。

选择战略投资者有两大试金石:一是战略投资者的大规模资本运作,是否有助于建立起全国统一、竞争有序的大市场;二是出版企业集团是否能在战略投资的循环过程中,经过"专业化""多元化"而重归专业化。今日国际出版界首屈一指的培生、贝塔斯曼、维亚康姆等出版传媒集团,正是在不断兼并重组、大规模的资本运作中,得以实现"专业化—多元化—专业化"的循环涤滤。国际出版企业间大量的兼并重组,借助于股票市场这一平台,以相当简易的方式实现了产权和金融资本的运营。兼并重组也因此成为国际出版集团迅速壮大的惯用手段,如培生集团就是通过不断地抛售、兼并等,才完成了旗下金融时报集团、培生教育集团和企鹅集团的三大布局。

---

[1] 刘伯根:《出版集团战略投资论》,新星出版社2011年版。

风险投资基金与私募股权投资基金

1. VC基金投资于出版业的前景分析

风险投资(Venture Capital)又称创业投资,起源于文化产业,近年有回归文化产业的趋势。VC通常比较青睐种子期或者初创期的公司,譬如互联网这样的朝阳产业,此类型投资以高风险、高收益为主要特征,以实现资金的循环增值为目的。像亚马逊、雅虎、eBay、Google等大型文化类企业,都曾在创业初期受益于风险投资基金的资助,并在创业成功之后拓展出自己的风险投资部门或机构。据哈佛大学勒纳(Joshua Lerner)教授的研究,风险投资对于技术创新的贡献是常规经济政策如技术创新促进政策等因素的3倍。

风险投资基金介入文化产业领域,并不是为了取得企业的长期控制权,而是旨在通过成功的退出获得高收益的资本增殖。对于风投机构来说,资金的成功退出与资金的募集同等重要。目前来看,我国风险投资的退出主要有IPO上市、并购(M&A)、回购、清算4种方式,其中IPO上市是我国风险资本退出的主要方式,概因该种方式对投资风险具有较强的分散性,并且投资收益率较高。长期以来,我国对出版传媒业的国家垄断是风险资本大规模进入该领域的主要政策障碍。从理论上来讲,IPO本应是风投实现退出的最佳渠道,然而,由于我国主板市场的高门槛,对于那些刚刚步入扩张阶段的中小企业来说,我国风投业尚未形成良好的退出机制。综观美国的纳斯达克(NASDAQ)、韩国的高斯达克(KOSDAQ)等资本市场的运行机制,其创业板市场对本国风险投资和文化产业的发展功不可没。因此,尽快建立我国的创业板市场,为风险资本的功成身退提供最佳场所,既可使风险投资公司收回资金以便投资新项目,又能让文化企业获得新的融资渠道,可谓一举两得。

据文化部不完全统计,产业风险投资具有明显的细分行业偏好,据

"清科研究中心"统计,2004—2010年中国传媒娱乐投资主要分布在户外媒体、影视制作与发行、广告创意与代理以及动漫4个细分行业,分别占总投资的37%、22%、15%、12%,相比之下传统媒体投资仅占6%。随着国外合格机构投资者进入中国数字出版类产业的增多,风险投资将成为外资进入的主渠道。[①] 具体到出版领域,从目前的产业实践来看,风险投资基金可帮助成长前景好但现阶段实力较弱的数字出版企业融资,并改善经营管理。我国数字出版类行业在经过产业利好政策的引导后,其风险融资环境正在逐步改善。

此外,风险投资还显现出对民营出版的格外青睐。2008年,北京磨铁图书有限公司得到了基石资本5000万元的风险投资。2010年,鼎晖投资正式注资磨铁图书,与第一轮的风险投资商共同注资1亿多元人民币。作为风险投资方,二者并不急于上市套利,也没有对赌协议,这就使得被投资方拥有更多的时间来"打磨"质量优秀的出版物。2013年3月,国际风险投资公司红杉资本(Sequoia Capital)出资约1.5亿元投向新经典文化有限公司,也是民营出版成功引入风险投资的经典案例。出版企业最核心的价值在于创意和策划,而这个价值要通过出版权才能形成对资本的吸引力。在目前的出版管理体制下,民营出版企业仍须通过与出版社合作的方式来获取出版权。《关于进一步推动新闻出版产业发展的指导意见》虽然进一步明确了民营出版商的地位,但并没有进一步的细则和扶持民营出版商的路径,民营公司的版权问题依然没有解决,政策落地尚需具体路径规划,但这并不妨碍民营出版企业借助资本的实力,与大型出版上市企业开展多种方式的合作甚至竞争。

2.PE基金投资于出版业的前景分析

私募股权基金(Private Equity)与风险投资基金最大的区别在于,其

[①] 钱明辉、林法纲、焦家良:《中国信息资源产业的融资结构分析——以数字出版行业为例》,《云南社会科学》2012年第6期。

投资对象主要是已形成一定规模且能产生稳定现金流的成熟企业。私募股权基金通常拥有专业的基金管理团队,且具有丰富的资本市场运作经验,能够帮助企业制定适应市场需求的发展战略,对企业的经营管理水平进行改进。通常,私募股权投资者只是参与企业管理,并不以控制企业为目的。目前存在着6种私募股权投资基金运行模式,分别是公司制、信托制、有限合伙制、"公司+有限合伙"模式、"公司+信托"模式、母基金(FOF)模式。通常PE关注扩张期和Pre-IPO的投资,以企业上市后退出套利为主要目的。一般而言,PE成功退出一个被投资公司后,其获利水平在3~5倍,然而在我国的资本市场环境下,其获利水平有时甚至高达210~300倍。

笔者汇总整理了2002年至2010年间,我国PE投资市场发生于出版业的8起投资案例,其中传统出版业6起,数字出版业只有2起(如表22所示)。图书出版业作为文化产业的一个子行业,虽然不是风险投资关注的热门领域,但近几年随着国家政策的逐步放开和文化产业的进一步发展,出版领域的投资案例有明显的增长趋势。其中,2009年7月,达晨创投、湖南湘投等5家创投机构联合投资中南出版传媒集团股份有限公司4.55亿元人民币,弘毅投资入股江苏凤凰出版传媒集团有限公司。两者都属于PE投资,且数额巨大。从表22不难发现,传统出版企业依然是大型私募投资机构眼中的"香饽饽"。固然新兴数字出版概念能够博得资本市场的眼球,但考虑到真金白银的投资回报及政策风险等相关要素,传统出版业仍然占据一定的优势,这或许有赖于传统出版企业的产业成熟度。

风险投资及私募股权投资是一个与国家政策导向强相关的行业,不同时期国家政策趋势的改变将直接影响到VC/PE行业的发展。政策惠及哪个产业,这个产业就会与创投及私募股权基金走得最近。2010年1月原新闻出版总署下发《原新闻出版总署关于进一步推动新闻出版产业发展的指导意见》,据此,向来"嗅觉敏锐"的VC/PE投资机构悄然开始在中国出版产业春耕播种。

表22 2002年以来中国出版业私募股权投资案例

	投资机构	被投企业	细分行业	地区	投资时间	被投金额
传统出版	弘毅投资	江苏新华	出版发行	江苏	2008年	4.81亿人民币
	达晨创投等	中南传媒	出版发行	湖北	2009年	4.55亿人民币
	江苏高科技	时代传媒	报刊	江苏	2010年	8600万人民币
	红杉	亚太传媒	报刊	上海	2005年	580万美元
	联想投资	生活速递	杂志	北京	2005年	135万美元
	深圳创新投资	昭泰文化传媒	杂志	陕西	2010年	300万人民币
数字出版	高原资本、法国VENTECH及中国宽带产业基金	VIVA	手机阅读	北京	2009年	1000万美元
	上海联创	汉工科技	电子终端	北京	2003年	362万美元

注：因2002年以来各年份的汇率浮动较大，故被投金额部分不再换算为统一单位。

China Venture投中集团旗下金融数据产品CVSource的统计显示，2008年至2012年间，国内共有33家民营出版企业累计获得5.09亿美元VC/PE融资，平均单笔融资规模为1544万美元。其中2008年至2010年获得融资情况逐年递减，2011年后融资规模有所回升，当年获VC/PE投资规模为1.85亿美元，达到5年内最高值。2012年共有7家民营出版企业获得融资，总融资1.16亿美元。政策上的开放是投资者向民营出版机构连续示好的主因之一。原新闻出版总署于2010年出台的《原新闻出版总署关于进一步推动新闻出版产业发展的指导意见》提出："在国家政策允许的条件下，充分利用发行企业债券、引进境内外战略投资、上市融资等多种渠道为企业融资。开展与国有银行及相关金融机构的战略合作，加快建立和发展中小新闻出版企业信用担保机制，允许投资人以知识产权等无形资产评估作价出资组建新闻出版企业，为产业发展争取良好的融资环境。"这一利好消息的发布，使得民营出版机构在2011年后获得的

VC/PE 融资规模骤增。①

文化产业投资基金

产业投资基金是一种专门针对未上市企业进行股权投资和提供经营管理服务的利益共享、风险共担的集合投资制度,即通过向多数投资者发行基金份额设立基金公司,由基金公司自任基金管理人或另行委托基金管理人管理基金资产,委托基金托管人托管基金资产,从事创业投资、企业重组投资和基础设施投资等实业投资。文化产业投资基金的组成和管理主体多为政府主导,但是与政府文化产业专项资金不同的是,文化产业投资基金是通过市场化、专业化的方式来管理和运作文化领域的资本投入,借助成熟的"投资基金"运作方式,募集资产委托专业机构和管理人管理基金财产,或委托托管人托管基金财产,解决文化产业的融资问题,以实现资产保值增殖从而获得投资收益的投资方式。文化产业投资基金投资于文化类非上市企业,可以通过参与文化企业的股份制改造来辅助文化企业的成长。

据文化部不完全统计,目前已募集及设立的文化产业基金超过300亿元。2012年以来已设立了15个产业投资基金,平均单笔基金规模达25.43亿元。② 截至2012年年末,全国共有各类文化产业投资基金116支,其中,国有或国有控股的文化产业投资基金有11支,非公有资本主导的文化产业投资基金有105支。③ 中国出版集团在股份制改造过程中就引入了国家级文化产业基金——中国文化产业投资基金。这种运作模式作为一种示范,昭示了构建出版产业专项投资基金的可能性路径,即通过财政手段及市场化运作以支持出版企业的发展。政府通过适时成

---

① 刘志伟:《战略投资牵动出版业神经》,《中国出版传媒商报》2013年10月22日。
② 钱明辉、林法纲、焦家良:《中国信息资源产业的融资结构分析——以数字出版行业为例》,《云南社会科学》2012年第6期。
③ 新元文智集团统计数据。

立各种出版产业基金或建立专项发展经费,用来鼓励高品质的文化产品的创作及出版。据悉,目前我国部分省市已开始筹备或已经设立额度较高的文化产业扶持基金。原新闻出版总署署长柳斌杰称,国家将设立规模约为500亿元的出版基金,用于扶持中小出版机构和民营出版机构。

出版资源退出托管机制与上市公司重组

我国上市公司的退市制度仍不完善,具体表现在:一方面,一些业绩差的企业往往通过变卖资产或一次性获得补贴的方式来扭转"三年连亏"的局面,以规避退市,这在一定程度上助长了投资者的非理性投资,进而扰乱了市场秩序;另一方面,上市公司退市必将会使投资者利益受损,有可能引起局部矛盾,从而导致股票市场出现系统性风险。基于此,应进一步完善上市公司的退市制度:一要尽快完善上市公司的退市标准;二要积极进行制度改革,以防止上述规避退市行为的发生;三要进一步健全责任追究机制,以构建有利于化解矛盾和平稳退市的局面。①

2013年3月,时任新闻出版总署署长柳斌杰提出:"实行新闻出版单位评估退出机制,评估不合格的出版企业要实行退出,把退出类出版单位交给有实力的上市公司来托管……通过上市公司消化吸收这些占有了国家出版资源的单位,等于腾出一些空间来让那些优势的公司去发展,保证新闻出版领域上市公司能在股市上有一个好的势头。""过去经济改革就用了这个办法,托管类企业交给上市公司来托管,通过投资把它改造做强。"②具体到出版领域,就是将托管类企业交给上市公司,通过兼并重组的方式盘活存量出版资源。

关于出版上市企业内部的资源退出及流动机制,以辽宁出版集团有

---

① 辛阳:《中美文化产业投融资比较研究》,吉林大学2013年博士学位论文。
② 柳斌杰:《出版单位不合格,要退出》,《人民日报》2013年3月14日。

限公司为代表的出版企业进行过一系列的探索,通过合理集中生产要素让经营不善的出版社的出版资源向其他高产出出版单位流动,关停了经营状态欠佳的两家期刊和一家出版社,并实施重组和内外公开招投标经营,终结了全国出版单位只生不灭的状况。几年来,辽宁出版集团先后对无法完成集团社会效益和经济效益发展指标以及经营不善、前景不明的6个成员单位进行了注销、整合和拆分。

无论是出版上市企业之间还是企业内部之间,都需要通过出版要素的流动来实现出版资源的优化配置。从某种意义上来讲,出版资源的退出或托管涉及所有权或控制权的转移。实现出版资源的自由流动,尤其是完善退出机制,不仅需要高层大胆创新的理念指导及制度设计,更需要业界的实践探索。

二 债权融资

银行授信贷款

近年来,文化产业逐渐成为新的投资热点。中国人民银行在对外发布的《2010年金融机构贷款投向统计报告》中指出:"基础设施行业中长期贷款增速回落,文化产业中长期贷款增速创历史新高。"报告还显示,2010年,在全国金融机构中长期贷款增速整体回落的背景下,文化产业成为金融机构中长期贷款新的增长点。2010年全年,文化产业本外币中长期贷款累计新增276亿元,年末余额同比增长61.6%,比上年年末提高39.1个百分点,余额增速创历史新高。

然而,这并不意味着文化产业与银行金融体系的对接就是畅通无阻的。目前我国文化产业项目的收益偏低,风险把握难度较大,行业特点决定了文化企业的资产结构中无形资产的比重较大,传统的银行业务品种及担保模式与其融资需求的匹配度不高。加之当前社会对文化产品知识产权的保护程度不够,上述因素或将导致金融机构对文化企业"惜贷"现象加重,如此恶性循环致使文化企业的经营环境恶化,获得经济效益的风险成本攀升,进而导致投资者对产业投资望而却步。作为公众企业的上市公司,必须要通过资源和产品来吸引投资者。与其他行业上市公司相比,出版类公司的核心价值是著作权等无形资产。因此,如何加强包括出版产业在内的各类知识产权的价值评估,量化文化企业的无形资产价值,已成为当前商业银行授信面临的重要问题。

2006年以来,北京银行、中国工商银行、招商银行等大规模贷款纷纷涌向以影视制作为主的文化产业。2006—2009年,北京银行累计发放"创意贷"661笔,共计97亿元,其中为影视节目企业发放贷款47笔,共14.93亿元。在对文化产业市场前景的普遍看好和国家利好政策的推动下,尤其在中央部委和地方政府通过与以银行为代表的金融机构建立长期战略合作关系的推动下,银行业加大了对文化类企业的信贷力度,成为其产业融资中最活跃的资金来源。但是,银行贷款显示出重点倾向于实力雄厚的大型出版类企业,重点为影视制作行业提供信贷支持等特点,信贷结构呈不平衡性。[①] 笔者汇总了近年来文化产业通过银行信贷业务进行间接融资的模式及案例,如表23所示:

一般情况下,国家宏观经济政策对微观的企业行为有着较为直接的影响。当经济处于上行周期时,国家执行紧缩的货币政策,存款准备金率的上调使得银行等金融机构收紧贷款政策,减少货币供应量,增加了企业贷款的难度。同时,该时期央行通常会相应上调存贷款基准利率,继而导致企业融资成本增加。法定存款准备金率作为货币政策最主要的工具之一,当经济增长过热形成通货膨胀压力时,央行实行紧缩性货币政策,上

[①] 钱明辉等:《中国信息资源产业的融资结构分析——以数字出版行业为例》,《云南社会科学》2012年第6期。

表 23　文化产业间接融资模式和示例

模式	主体	示例
政府牵头的统一授信模式	中央部委和银行	2009年8月、2010年1月、2010年2月、2010年8月,原新闻出版总署分别与中国银行、中国农业银行、中国工商银行、国家开发银行签署合作备忘录,提供意向性融资;2009年4月,文化部与中国银行签署了《支持文化产业发展战略合作协议》①
	地方政府和银行(以北京市为例)	2010年,北京市文化创意产业促进中心与中国工商银行签订了合作协议,每年为文化创意企业提供100亿元的授信额度;2010年2月,北京市文化局和北京银行签署协议,未来3年北京银行将为以动漫网络等为代表的文化创意企业提供100亿元人民币专项授信额度;2010年4月,北京市广播电影电视局与北京银行签署《支持北京市广播电影电视产业发展全面战略合作协议》,北京银行将在未来3年内为以广播、电影、电视为代表的企业提供意向性专项授信额度100亿元人民币
银行统一授信模式	银行和特定企业和个人	2008年5月,北京银行以版权质押方式为华谊兄弟提供1亿元电视剧项目打包贷款;2008年12月,北京银行向中国电影集团提供意向性授信6亿元,合作涉及电影创作、影视院线拓展等诸多内容;2009年12月,中国民生银行创设"电视剧导演融资新模式",为国内23名优秀电视剧导演进行总额为1亿元人民币授信额度;2010年9月,北京银行与中国动漫集团签署合作协议,北京银行将为中国动漫集团提供意向性授信30亿元;2009年11月,北方联合出版传媒与国家开发银行辽宁省分行签署《开发性金融合作协议》,将以优惠待遇享受30亿元贷款支持
银行项目授信模式	银行针对特定项目和特定企业或个人建立信贷关系	2008年,招商银行向电影《集结号》投入5000万元担保贷款,开辟了影视业无担保贷款的先河;中国银行推出专门针对影视文化类中小企业特定影视项目的融资产品"影视通宝",允许企业以影视作品的版权和应收账款作为质押向中行申请贷款

缩银根,减少货币供应量,以抑制总需求的膨胀势头。当经济下行时,央行下调存款准备金率,以释放更多的流动性刺激经济。从央行调整存贷款基准利率的周期来看,与存款准备金率的调整大体一致。作为宏观经济调控的重要工具,利率的调整与法定存款准备金率一样,同样对企业行

---

① 诸如此类的战略合作框架协议相当于缔约协议,即表示双方意向合作的文件。如果协议条文概况笼统的话则无实际影响,如果约定了具体事项、完成时间、双方准备工作分工及责任等,就成了可能引发缔约责任、具有法律效力的严肃合同。

为产生影响。其中最主要、最直接的影响就在于,当利率上升时,企业需要支付较高的借款利息,融资成本增加。

目前,我国出版上市企业的资金来源有很大一部分依赖于银行借款。出版企业正面临着相对利好的产业政策环境,原新闻出版总署已经和多家国有大型银行和地区签订了合作协议,信用额度高达上千亿元。然而,当上述分析中的宏观经济形态发生变化,且银行借贷条款无法满足企业需求时,将会直接影响企业资产的流动性,波及企业的日常经营及投资策略,并可能在资本市场上产生负面效应。因此,银行借款的融资渠道并不能成为企业融资的唯一稳定来源。

出版企业的债券发行

1. 优序融资理论视角下的债券融资

债券融资最大的优点就是债券利息在企业缴纳所得税前的扣除("税收抵板"作用)一定程度上减轻了企业的税负。相较于股票融资,债券融资具有融资成本低、财务杠杆效应、不会稀释公司的控制权,以及能够比较好地保护公司所有者和投资人的利益等优点,能够比较好地为企业募集发展资金,提高企业的经济效益,促进企业沿着资本市场的轨道健康良性运行。但是如果债券发行数量过多,就会造成销售困难甚至影响发行者的信誉、企业的资本结构,以及日后债券的转让价格,从而增加再融资的成本。债券的发行通常可分为私募发行和公募发行两种方式。其中私募债券是指,与发行者有特定关系的少数投资者募集的债券,其发行和转让均有一定的局限性。公募债券通常采取间接销售,其具体方式又可分为代销、余额包销、全额包销三种形式。

1958年,美国著名经济学家莫迪利安尼(Modigliani)和米勒(Miller)提出了著名的MM理论,创建了现代企业资本结构理论。MM理论是指在一定的条件下,企业无论以负债筹资还是以权益资本筹资,都不影响其市场总价值。如果企业偏好债务筹资,那么债务的比例会相应上升,企业的风险也会随之增大,进而反映到股票的价格上,股票价格就会下降。所以,企业以不同的方式筹资只是改变了企业的总价值在股权者和债权者之间分割的比例,并不改变企业价值的总额。但是,股权资本筹资和债券筹资对企业收益的影响不同,进而直接或间接地影响企业市场的总价值。其中,债券筹资有利于企业融资成本最小化,有利于形成最佳的资本结构。因此,根据MM理论,债券融资而非银行贷款或者股票融资,才是企业最佳的融资方式。

后来,美国著名经济学家迈尔斯(Myers)与麦吉勒夫(Majluf)提出了优序融资理论。他们放宽MM理论完全信息的假定,以不对称信息理论为基础,并考虑交易成本的存在,认为权益融资会传递企业经营的负面信息,而且外部融资要多支付各种成本,因而企业融资一般会依次遵循内源融资、债务融资、权益融资的融资顺序(Pecking Order)。这一理论表明,由于管理人员发行新股容易被市场曲解,因而新股不得不以折扣方式发行,从而导致现有股东的价值降低,而债务融资则不会发生这种情况。由此认定,债券融资是一种相当不错的融资方式,其融资效果比股票融资更好。

2.我国出版企业的债券融资分析

根据国际通行惯例,一般只有股份有限公司才能够发行公司债券。在发达国家,债券市场的融资规模远大于股票市场。现阶段,我国对债券融资仍实行较复杂的审批程序,中小企业获得融资的难度较大。债券融资主要用在大型上市企业中,中小企业则难以进行债券融资。随着近年来我国资本市场的快速发展,我国的债券市场也有了极大的发展。2007年8月证监会公布了《公司债券发行试点办法》,明确了公司债券发行实行核准制,对发行公司债券的条件放宽,主体范围扩大。按照规定的条件,我国不少出版企业改制后完全有可能通过核准进入债券市场开展融资活动。[①]

《国务院办公厅关于印发文化体制改革中经营性文化事业单位转制为企业和支持文化企业发展两个规定的通知》(国办发[2008]114号文件)提出:"鼓励文化企业通过利用银行贷款、发行企业债券等方式,投资开发战略性、先导性文化项目,进行文化资源整合,推动大宗文化产品出口,中央财政和地方财政可给予一定的贴息。"该文件首次明确规定了包括出版企业在内的文化企业,可以采取除股票上市之外的另一种重要融资方式——债券发行上市。这为出版企业采用债券融资确立了制度保障。

2007年年末,作为国家广电总局唯一的直属企业,中国电影集团公司开创了中国文化媒体行业在企业债券市场融资的先河。中国电影集团公司(以下简称"中影集团")于12月13日正式发行5亿元企业债券,成为国内首家获准发行企业债券的文化传媒企业,由中国建设银行股份有限公司授权北京市分行提供全额无条件不可撤销担保。2009年4月26日,时代出版传媒股份有限公司(安徽出版集团)就该公司首次发行5年期10亿元企业中期银行债券,与交通银行安徽省分行正式签订了合作协议书。这在全国文化企业中还是第一家,是出版企业第一次采用债券上市融资的创举,具有划时代的标志性意义。此外,2009年凤凰传媒在上市之前曾尝试通过中国银行间市场发行20亿的中期票据,用于集团编、印以及各环节固定资产项目建设,旨在进一步开拓市场、优化融资结构、降低融资成本。

出版企业通过债券融资的好处在于,债券利息一般低于同期银行贷款利息,也低于同期股息和红利,出版企业通过债券融资有利于降低资金成本,提高经济效益。债券融资期限灵活,出版企业可以根据不同需要和资金使用能力确定融资期限,合理利用资金。大型出版企业和出版集团

---

① 李春生:《我国出版投融资体制改革探讨》,《中国新闻出版报》2008年8月21日。

可以发行长期债券筹措发展资金,小型出版企业根据负债能力,可以发行短期债券筹措项目资金或短期需要的资金。债券融资可以保证出版企业获得的资金有较强的稳定性,如果债权人想提前收回资金,可以通过债券市场交易套现,不需要债务人提前偿还。出版企业采用债券融资的方式不会影响本企业的财产权和控制权,不会带来经营风险和政治风险,从而避免对社会主义精神文明建设产生不利影响。[①]

由于出版业进入资本市场的时间相对比较晚,对资本运作手段和融资模式总体上不大熟悉,因而出版企业更为关注和青睐的融资方式是在资本市场发行股票。但事实上,对于出版企业而言,采取债券融资的方式不仅能够满足企业投资发展资金的需求,也有利于拓宽融资渠道,完善融资结构,降低市场风险,获得最佳的市场价值。债券发行正在成为出版企业融资的重要备选方式。

三 融资理论与决策

出版产业的特殊性与融资决策

出版产业的特殊性作用于融资决策,主要体现在两个方面:一是出版业的意识形态属性一定程度上限制了非国有资本融资渠道的拓展;二是出版业版权评价体系的构建直接影响到版权抵押贷款业务的深入发展。可以说,以上两点也是目前出版上市企业所亟须打破的融资瓶颈。

1.非国有资本融资渠道有待完善

2009年4月,时任原新闻出版总署署长柳斌杰在做客央视经济频道《对话》栏目时曾指出,"新闻出版行业改革在融资政策上要突破","按照中央的要求,已经明确提出了三五年内打造六七家大型出版传媒集团的

---

① 李春生:《我国出版投融资体制改革探讨》,《中国新闻出版报》2008年8月21日。

目标任务"。柳斌杰署长表示,大型传媒企业目前正在打造三条融资渠道:一是通过上市筹集社会资本,实现做大做强;二是吸收大型国有企业进入,解决新闻出版业长期自我滚动发展引起的资本不足的问题;三是与民营资本链接,实现合作共赢的目标。

改革开放以来,国家逐渐允许并鼓励非公有资本和外资进入大部分文化产业领域,但非公有制经济进入出版产业的政策法规仍旧存在着制度性障碍。由于市场准入的限制,绝大多数非公有资本只能通过与拥有垄断性刊号资源的国有文化单位进行合作经营来开展业务。这种非规范的合作形式,使得合作双方既无法形成以产权为纽带的稳定的合作关系,也造成在合作过程中难以避免各种形式的短期行为、行政干预和摩擦。即使部分非公有资本采用迂回的方式进入了文化产业链的某些环节,但由于层层政策限制、资本回报率低和资本回收周期长等因素的影响,又重新退出了所投资领域①。出版产业具有极强的意识形态属性、政治属性,因此具备更高的投资门槛。虽然近年来出版产业的投资门槛有所降低,但与其他产业相比仍较高。

2. 版权评价体系的构建事关担保融资贷款业务的开拓

以宽泛意义上的文化企业为例,所谓的版权担保贷款模式,就是以文化企业的自主著作权作为主要担保方式,用于满足某项融资项目的资金需要。在这种担保模式下,文化企业可以用自有版权作为担保物申请贷款,而银行则通过严格的贷后管理,对借款企业进行全程监管,以保证企业按时完成融资项目。

目前,我国版权质押贷款作为一种新兴的文化企业融资方式,应在以下几方面加以完善:首先,应完善版权价值的评估。在版权担保贷款模式中,版权评估制度的完善与否直接关系到版权抵押贷款业务的发展。鉴

---

① 黄明哲、方良平:《中国民间投资存在的问题及对策思考》,《当代财经》2002年第12期。

于此,应进一步完善版权价值评估体系建设,在对文化产业版权价值进行评估时,首先应对版权作品所处的行业特性、文化企业特征、文化项目创作团队、版权归属以及商业开发的前景进行全方位的预测和分析。其次,应建立由政府认证、独立的第三方评估机构对文化产业的无形资产和版权价值进行评估,同时应加强对第三方评估机构的资质管理,并对其评估师执业资格认证进行细化,以增强评估师的专业性。再次,应进一步扩大现有信贷发放的范围。目前来看,我国对文化企业的担保贷款多集中于创意作品被生产出来之后的阶段,而对作品形成前的创意阶段和生产制作阶段的贷款介入较少。事实上,很多文化企业往往在创意阶段乃至生产阶段,由于资金缺乏而不得不将优秀的创意"扼杀"在摇篮里。基于此,应将银行对文化企业的信贷支持向创意阶段和生产阶段延伸,同时对不同阶段的贷款进行细分。①

我国出版产业的投融资法制体系建设相对滞后,这就使得我国出版产业在投融资方面存在的产权界定、资产评估、资本流转等问题很难得到公正合理的解决,从而导致那些有投资意向的投融资主体大多处于观望状态。这就要求政府主管部门必须通过建立相应的投融资法规体制来为其服务。在税收政策方面对出版企业实行减、免税制度,提高各种投融资主体进入出版领域的积极性。

综上所述,我国出版企业在大力发展多层次资本市场的同时,还应积极扩大直接融资的规模。一方面,推动符合条件的出版企业上市融资,既鼓励成熟的、较为稳定的出版企业在主板上市,也支持中小出版企业在创业板上市;另一方面,鼓励已上市的出版企业通过增发手段再融资,进行并购重组。另外,鼓励出版企业利用债券市场融资,支持符合条件的企业通过发行企业债、集合债、公司债等多种方式融资。

---

① 辛阳:《中美文化产业投融资比较研究》,吉林大学2013年博士学位论文。

融资成本的差异与融资组合的选择

现代企业融资理论认为,资本市场是不完善的,这就使得不同融资方式的融资成本存在较大的差异性。

权益性融资的成本主要包括定期向股东支付的股息和红利,股票发行的代理费用以及因股票发行所引起的市场价值被低估而产生的机会成本等。权益性融资成本会依企业的盈利状况而发生变动,如股息和红利的支付并不是固定不变的,会随企业盈利的变化而发生变动。从出资方来看,权益性融资的出资方面临的投资风险较大,这是因为股票价格的波动会给投资人带来潜在的资本收益或损失,因此权益性资本融资向出资人支付的报酬率会相对较高,这也就决定了权益性资本融资的成本要高于债务融资的成本。[1] 作为借壳上市的企业,从与"壳"公司的接洽到具体借壳计划的完成,是一个相对漫长的过程,其间的一些信息如果被市场所知,由于资产重组一直都是市场炒作的热点概念,必然会导致"壳"公司的股价大幅上涨,从而加大借壳企业的收购成本,进而导致企业融资成本的增加。[2] 此外,监管部门对股权再融资资格的严格管制,限制了我国上市公司储备权益融资能力的自由,从而导致我国特有的上市公司股权再融资偏好现象,某种程度上可以解释为基于路径依赖从而节约融资成本的考量。

债务性融资成本具体包括债务利息支付、因企业财务恶化或可能出现的破产成本以及债务融资的监督成本。债务性融资对企业的影响是双重的:一方面,债务融资可以为企业带来一定的财务杠杆效应,一定条件下能够提高企业的收益率;另一方面,如果企业出现亏损,那么债务融资的财务风险会急剧增加。与权益性融资相比,债务性融资的成本相对较

---

[1] 辛阳:《中美文化产业投融资比较研究》,吉林大学 2013 年博士学位论文。
[2] 张新建、林树、孙俊峰、赵军:《出版企业上市利弊分析及对策》,《科技与出版》2012 年第 11 期。

低且较为稳定,同时债务融资成本会因融资期限长短而有所不同,一般来说,长期债务融资成本会高于短期债务融资成本。因此,企业在进行债务融资时,应合理地确定举债规模和时间。[①]

企业在进行筹资决策时,需要考虑的不仅仅是每一类资金的个别成本,更需要考虑由多种资本构成的企业的总体资本成本,即加权平均资本成本。它是以各种资本占全部资本的比重为权数,对个别资本成本进行加权平均确定的。影响企业加权平均资本成本的主要因素有两个:一是个别资本成本,二是企业的资本结构。基于此,企业在融资过程中的优化选择实质上就是融资组合的问题,即通过融资的优化组合使融资的加权平均成本率达到最小值。而文化企业在具体的融资活动中,常常采用资本成本比较法来比较不同融资结构的优劣,即将不同融资结构的平均资本成本率的数值进行比较,其中加权平均成本率最小的融资结构就是最佳的资本结构,是首选方案。笔者通过对近年来我国 7 家出版上市企业分别进行的股权融资行为及债务融资行为(内含债券融资及银行贷款两种方式)进行分类汇总,得出表 24:

表 24　出版上市企业融资来源数据统计

企业名称	股权融资		债务融资		
	金额(万元)	占比(%)	债券融资(万元)	银行借款(万元)	占比(%)
大地传媒	353	2.13	0	16 200	97.87
中文传媒	4 366	1.07	59 880	343 000	98.93
时代出版	52 985	55.96	0	41 700	44.04
长江传媒	950	1.19	0	79 200	98.81
中南传媒	390 970	90.09	0	43 000	9.91
皖新传媒	121 025	83.86	0	23 300	16.14
出版传媒	59 619	66.82	0	29 600	33.18

---

① 辛阳:《中美文化产业投融资比较研究》,吉林大学 2013 年博士学位论文。

此外，笔者还根据各家出版上市企业的股权融资情况，制作了表25和表26。其中，"出版上市企业机构持股基本情况表"中的"机构持股"是指由公募基金、保险资金、社保资金、QFII、私募资金、券商资金等机构所持有的股权份额，而"出版上市企业基金持仓情况表"则是针对机构持仓的主力——基金持股情况进行的具体统计。

表25　出版上市企业机构持股基本情况表（数据截至2013年6月30日）

股票名称	持股市值（万元）	占流通A股（%）
凤凰传媒	119 646.40	3.92%
中文传媒	19 859.55	1.60%
中南传媒	96 826.10	5.11%
长江传媒	28 038.20	4.48%
出版传媒	9 360.93	3.04%
时代出版	8 203.40	1.42%
大地传媒	8 211.06	1.73%

表26　出版上市企业基金持仓情况表（数据截至2013年6月30日）

股票名称	基金数目（个）	持仓总数（万股）	持股市值（万元）	基金持仓数占流通A股比例（%）
凤凰传媒	117	17 588	147 922.40	26.69
中南传媒	82	5 741	53 397.53	14.43
中文传媒	33	1 323	22 565.64	7.06
长江传媒	25	768	4 490.52	2.2
时代出版	26	338	3 528.33	0.67
皖新传媒	27	292	3 050.10	0.33
大地传媒	17	185	1 782.01	2.11
出版传媒	13	184	1 001.16	0.33

从理论上来讲，企业融资选择实际上也是企业治理结构的选择，融资选择一方面决定了外部利益相关者对企业的控制及干预程度，另一方面也直接影响了企业的融资成本和市场价值。股权融资与债务融资各有利

弊,企业应权衡运用,以充分发挥各种融资方式的优势,实现资源的最优配置。

融资效率的模糊评价

融资效率这一概念仅是我国的提法,西方文献中并不存在企业融资效率这个名词。长期以来,我国理论界对于融资效率的概念尚未形成统一认识,使用中也存在着不同的解释和界定。首先,融资效率是企业融资效率量的体现,表现为企业能否以最低的成本和最小的风险融得资金,也包括企业能否选择最佳的融资途径,以及能否足额地筹措到所需资金。其次,融资效率是企业融资效率质的体现。企业融资的目的是投资,而投资盈利性是企业融资的最终目的。因此,融来的资金能否得到有效的利用以及能否获得最佳收益,也应是判断企业融资效率的重要参照标准。企业规模及资产结构、企业融资方式及融资成本、企业成长性及盈利性、企业投资的预期收益,是影响融资效率的内部因素;而宏观经济运行、政策环境等则是影响融资效率的外部因素。企业融资效率的提高有赖于合理地运用各种融资方式。企业的融资渠道越多,其资金筹集越有保障,发展就越稳定,进行持续融资的能力也就越强。

有学者指出,企业融资效率应包含两个方面的含义:首先是企业能否以尽可能低的成本筹集到所需要的资金;其次是企业筹集的资金能否得到有效的利用。融资效率就是一种以最小的融资成本获取最大利润的融资安排。[①] 融资效率可以通过公式表达:融资效率=投资报酬率/资本成本率。

模糊综合评价法是根据模糊数学的隶属度理论把定性评价转化为定量评价,即用模糊数学对受到多种因素制约的事物或对象做出一个总体

[①] 高山:《基于 DEA 方法的科技型中小企业融资效率研究》,《会计之友》(下旬刊)2010 年第 3 期。

的评价。它对于模糊的、难以量化的问题较为适用。该方法的基本思想如下:当事物边界模糊不清时,评价将难以将其正确归类,此时可一一评价每一个因素,然后再对所有因素的评价结果进行综合的模糊评价。对融资效率进行评价的主观性较强,因为模糊综合评价法在确定各指标的优先权重时,往往由有经验的专家对研究对象的指标评价值进行直接赋值。郑伯良(2002)运用此方法分别评判了企业各种融资方式的融资效率,得出各融资方式效率高低的隶属度排序:内源融资>债权融资>股票融资。而采用资本成本比较法对企业融资效率进行比较评价,虽然反映了融资成本对于融资效率的影响,但却未能体现融得资金的使用效率,忽视了融资问题的本质,违背了"筹投结合、以投定筹"的原则。

四 小结

本章通过对当前出版上市企业的融资行为进行分析,认为上市并非是传媒企业对接资本市场的唯一通道。银行信贷作为目前大多数媒体企业的主要融资渠道,需要辅以债券融资、票据发行等多种手段。随着国家宏观调控政策日益趋紧,银行贷款难度逐步增加,而中短期融资债券、票据有别于商业贷款,其利率低、审批快、成本稳定、准备周期短,是传媒集团丰富债务融资的重要手段,是降低融资风险的有利补充。通过分析发现,每一种融资手段都有其特点和规律。出版上市企业应致力于拓宽融资渠道、降低融资成本、提高融资比例、改善融资结构,探索符合自身发展规律的融资方式。

第 5 章
出版传媒上市公司投融资决策的案例分析与反思

一 案例分析

诚成文化:"民营出版第一股"的建构与破灭①

诚成文化因其"民营出版第一股"的出身以及幕后传奇人物刘波的光环,一度站在资本市场的聚光灯下。从1994年至2003年的10年时间里,诚成文化几乎打造了一个"传媒帝国"的雏形。相较于此后10年间中国出版传媒领域接踵而至的"上市潮",以及翻新名目冠之以"××第一家"的传媒上市公司,诚成文化已然是个被时间遗忘了的标本。然而,为何看似理念超前的宏大构想终究以海市蜃楼的结局收场?为何怀有默多克式愿景的中国出版人终究折戟于中国特色的资本市场?黑格尔曾说:"人类从历史中学到的唯一教训,就是人类

---

① 该案例曾以《诚成文化10周年祭"出版第一股"的建松与破灭》为题发表在《现代出版》杂志2013年第6期上,略有改动。

没有从历史中吸取任何教训。"面对着俨然盖棺定论般的关于"诚成文化"的各类新闻报道资料,这些未明的疑问推动着笔者以另一种视角重新整理诚成文化事件。

1.虚虚实实的投资组合

1994年8月18日,编纂出版《传世藏书》的新闻发布会在北京人民大会堂举行。该丛书的策划者海南诚成集团董事长刘波特别邀请到了季羡林作为名誉主编,另外约请了8个城市28个单位的3 000多位专家。《传世藏书》共收书1 234种,总字数为2.76亿,共计排成123册,每册1 000页,总计10 000个印张。该丛书先后总印数达1万套,市场售价为每套6.8万元。按此售价评估的1万套《传世藏书》,使得诚成集团获得巨额的资产评估值,同时,该书的大量印刷加工合同也为诚成集团日后控股武汉"长印股份"埋下了伏笔。

诚成集团在《传世藏书》的组织策划过程中先后投入了1.5亿元资金,并在图书编辑发行过程中采取了在现在看来仍旧非常别出心裁的融资销售方式。具体做法是将丛书的代售权转移给建设银行,订书者须到建行交款,并由平安保险、太平洋保险作担保。作为交换,银行在获得收费权的同时,也为诚成集团提供了巨额贷款的方便渠道,并通过收取书费抵冲贷款。这种图书发行方式无形中"调动了银行配合销售的积极性"[①]。期间一度存在着银行工作人员向贷款客户(主要是房地产开发商)推销《传世藏书》的情形,而这些贷款客户鉴于维护良好银企关系的初衷,通常会欣然接受。尽管该丛书在原新闻出版总署1997年、1998年的两次编校质量抽检中,均属"严重不合格图书",一度停止发行。但无论如何,《传世藏书》都让刘波名利双收了。

1997年,刘波先后出资经营《中国企业导刊》《企业管理研究》《中国

---

① 欧阳逸飞:《问题富豪:中国富豪问题调查报告》,人民日报出版社2004年版。

医药导刊》《华夏》《深圳画报》等杂志,并成立北京国成文化发展有限公司、香港诚成影视投资有限公司。1998年,收购《希望》《这一代》《舞台与人生》《视点》《少年文摘》等杂志,成立广州诚成广告有限公司。其中《希望》杂志60%的经营权是其出资720万元获得的,该杂志也是此后为数不多的能为集团带来收益的实体之一,平均年利润贡献保持在2 000万元左右。1998年中期,刘波以海南诚成企业集团有限公司的名义出资1亿元,收购上市公司武汉长印股份(集团)有限公司20.91%的国有股,该公司成为后来的"诚成文化"第一大股东,自此进入资本市场。

借助上市公司的品牌效应,诚成文化获得了更多渠道的信贷支持。2000年年初,诚成文化投资510万元与湖南大学共同组建岳麓书院文化教育产业有限公司;同年,与陕西省邮政局合作,投资600万元成立陕西诚成报刊图书发行有限公司;2001年,与新华书店总店合资成立新华音像图书发行租赁有限公司,拟投资3 000万元组织建设全国连锁经营项目"新华驿站",预计将此作为传媒集团的发行终端。该项目采取"社区文化便利连锁店"的定位,旨在打造一个连接出版社和分销商的电子商务平台和遍布街巷的物流配送体系。

综观以上一系列资本运作手段,无不是紧紧围绕着文化产业这条主线展开的。可以说,诚成文化是当时两市鲜有的真正具备文化内涵的上市公司。鼎盛时期的诚成文化大约掌控着40多本期刊的经营权,其业务架构初步呈现了媒体帝国的雏形。但是,这其中也存在着潜在的危机:除了《希望》杂志,其他的媒体基本都处于亏损状态,而媒体早期所需的大量投入又使得诚成集团的现金流力不从心。在主业扩张之余,诚成文化还继承了原海南诚成集团的发展思路,继续高举多元化大旗,涉足房地产和医药行业。

早在2001年年底,就已经有分析人士认为诚成文化将为多元化投资付出代价。国泰君安证券研究所谭晓雨在一份公开的分析文章中指出,由于公司缺乏主流实力媒体的支持,其文化产业投资前景并不乐观。作为民营背景的企业,诚成文化较难以优惠条件从中国主流传媒系统内吸收有价值的资源,这将成为制约其后续重组进程和未来发展速度的主要因素之一。①

2.资产置换编造业绩神话

诚成文化先后进行的两次资产置换,都是在其"老本"——《传世藏书》和《希望》杂志的基础上做关联交易的"文章"。

1999年12月,诚成文化将其持有的"长印文化娱乐公司"的全部股权作价870万元,与海南诚成企业集团有限公司的《传世藏书》进行置换。经评估认定,此批《传世藏书》的账面价值为6 271.20万元,市场评估价值为6 528万元。此次资产置换如若成功的话,将使诚成文化产生5 658万元的投资收益。但这桩有些临时抱佛脚意味的关联交易,最终没能通过证监会的审查。2000年4月11日,武汉诚成文化投资集团股份有限公司董事会发布公告称:该公司1999年度资产置换所形成的5 658万元利润,因适用的会计方法不当而不能确认,由此调整1999年度财务报表和利润分配方案。

能否确认该笔投资收益共涉及两个关键要素:资产置换完成的标志和资产置换的性质。根据财政部关于执行具体会计准则和《股份有限公司会计制度》的有关规定,公司进行资产置换应以对换人在资产的控制权上的主要风险和报酬已经转移,并且相关的经济利益能够流入购买公司为置换完成的标志,才能确认相关损益。至于此项资产置换带来的投资收益确认不当的主要原因在于:用于置换的房产在2000年年初才办完资产过户手续,故应当以自2000年1月1日起生效的"非货币交易会计准则"处理账务。也就是说,该项资产置换不仅在1999年度不能成立,且在

---

① 《21世纪经济报道》:《理解传媒的7个步骤》,南方日报出版社2004年版。

2000年度也只能根据同类非货币交易规定,按照换出股权的账面价值确认870万元的存货价值。

诚成文化1999年度实现净利润4921.84万元,其中这次资产置换获得净利润3805.08万元,占公司全年净利润的近80%。巧合的是,该公司预期于2000年配股,按当时证券管理法规规定,公司配股必须连续3年净资产收益率平均达到10%以上。而诚成文化1997年度、1998年度净资产收益率(调整前)分别为11.89%和6.9%,因此要保证公司连续3年净资产收益率平均达到10%以上,其1999年度的净资产收益率至少要在11.21%以上方可。如果本次交易收益得到确认,1999年度共实现利润总额4922万元,公司的净资产收益率为12.09%;如果本次交易收益不能得到确认,公司的净资产收益率将降至1.66%。也就是说,诚成文化实际上失去了在3年内进行配股的资格。在此次资产置换过程中,诚成文化妄图依赖与关联公司之间的固有关系,通过资产置换达成操纵利润的目的。但恰逢会计核算准则的变更,填补了先前政策的灰色地带。2001年修订后的非货币交易准则,虽然克服了利用同类非货币交易设法确认利润的可能性,但上市公司的关联方为了利用上市公司进行融资,会不惜一切代价付出大量货币,将本来可能是非货币性的交易人为转化为货币性交易,从而避开非货币性交易准则的制约,达到操纵利润的目的。[①]

2000年9月,诚成文化公布了一份关联交易公告,以价值6 000余万元的3家下属子公司——武汉东湖置业60%的股权、咸宁长印温泉酒店和武汉长印集团英达司广告公司100%的股权,置换广州诚成广告有限公司(海南诚成控股95%)的全部股权。而广州诚成广告的主体资产就是《希望》杂志为期10年的经营权,此10年期的经营权的评估值高达5 984万元。

---

① 李莉:《上市公司会计造假与公司治理难点问题透视》,中国财政经济出版社2003年版。

随着上述一系列眼花缭乱的资本运作手段的实施,以及"文化产业第一股"的概念题材,诚成文化的股价从 1999 年 12 月 29 日的 9.8 元起步,到 2000 年 3 月 6 日涨至 36.66 元,累计涨幅达 274%,与亿安科技、海虹控股、河池化工等并称 2000 年八大牛股。尽管如此,从 1998 年到 2002 年,诚成文化始终没能通过资本市场实现增发配股。从股市中圈不到钱,再加上盲目的多元化扩张战略,致使其"传媒帝国"的愿景逐渐成了海市蜃楼。2001 年上半年,诚成文化也曾尝试通过购置优质媒体资产的方式为日后的配股做铺垫,曾试图出资 5 000 万控股《华商报》。《华商报》作为资产状况相对良好的实力媒体,每年都有 1 个亿以上的盈利,且当时也有意介入资本市场。诚成文化若成功将其整合后植入上市公司,配股便指日可待。然而,此事最终因诚成文化的资金问题而告吹。

当证券市场的再融资渠道被堵死,刘波选择了最直接的融资方式——利用上市公司做贷款担保,甚至涉嫌转移债务至上市公司。诚成文化最终没能抓住股市这根挽救其脆弱资金链的救命稻草,在抽身而退的同时留下的是股权结构复杂、负债累累的上市公司空壳。

3. 四易其名的 600681

证券市场的"国退民进"发轫于 1994 年。1998 年被称为"资产重组年",当年上市公司的重组活动高达 624 起,其中涉及国有股、法人股转让的有 70 多家。在国有产权交易出让,民营经济实体大举进军资本市场的背景下,产权交易市场得到了快速发展。诚成集团涉足证券市场就发生在这样一个微妙的转折点。1998 年 8 月 25 日,武汉长印集团股份有限公司(长印股份)的第一大股东——武汉国资局,以协议方式将其持有的 2900 万国家股(占总股本的 20.91%)以总价款 1 亿元的价格转让给海南诚成企业集团公司,转让后海南诚成企业集团成为该公司第一大股东。

长印股份(600681)于 1992 年经武汉市经济体制改革委员会批准,由原武汉印刷厂、北京京华信托投资公司、深圳万科企业股份有限公司联合发起组建,总资产8.2亿元,净资产3.7亿元,下属10余家子公司。1993年经中国证监会批准向社会公开发行股票,同年10月18日于上海证券交易所上市交易,成为我国包装印刷行业的第一家上市公司。诚成集团"借壳"武汉长印,不但一举迈进了资本市场,更完美地实现了原有出版传媒业务向产业链下游的延伸。然而,在上市资质从来都是稀缺资源的环境下,一家公司愿意出让自身的控股权,其背后肯定隐藏着难言的苦衷。前述诚成文化试图通过资产重组粉饰1999年会计年报的事件仅发生在其借壳上市的一年时间之内,可以推断出先前"长印股份"的资产运营状况并不那么尽如人意。

相关年度的会计报表显示,武汉长印在出让股份前,几乎所有的资产都存在问题,下属的10多家企业基本上都处于亏损状态。但上市公司的特殊影响力还是为后来的诚成文化打开了银行融资的方便渠道,巨额的资金来源也使得诚成文化开始涉足更为广阔的投资领域。除了要维持原有不良资产的日常运行,刘波接下来又投资了北京夜总会、西安图书城等多个亏损项目。庞大的产业集群急需更稳健的资金流来支撑,但诚成文化的各项投资均回报不力,甚至亏损严重。再加上诚成文化增发新股的愿望迟迟未能实现,而此前已拖欠的全国数家银行的数亿元贷款却无力偿还,资金链随时面临着断裂的风险。为了弥补巨额资金缺口,刘波开始违规利用上市公司对外担保高达数亿元的贷款。此时面对一触即倒的多米诺骨牌和无底的财务黑洞,能做的只有增加上市公司的赢利期许,争取配股或增发。然而此时的证券市场已经有所警觉,对其投资前景并不乐观。

刘波一边举出文化概念的大旗,一边频繁运用资本手段甚至不正当手段敛财,其发迹带有浓厚的投机色彩。然而他高估了自己对资本市场的驾驭能力,虚幻的泡沫一旦脱离了现实业绩的支撑,就只能变成束缚自己的透明枷锁。① 诚成文化大刀阔斧地建构其"传媒帝国",恰逢我国资本市场的制度性完善和出版业的政策性拐点。从当时政治经济的宏观环境来看,其昙花一现的结局是个略带悲情色彩的必然。但究其衰落的内部根源,大抵在于没有安排好企业发展的关键性战略:投融资的科学规划与合理统筹。资金链的断裂往往成为压垮企业发展的最后一根稻草,企业亦因前仆后继的高速扩张这一"蚁穴"而溃不成军。从这个角度看,诚成文化的由盛而衰又不过是一个偶然。诚成文化的案例再一次印证:融资并非企业发展的根本,更不是万能的解药。企业发展的困境可能存在着比资金匮乏更深层次的问题,如项目本身不具潜力、经营管理存在缺陷、资金浪费严重、销售渠道不畅等。若对这些问题没有清醒的认识和妥善的处置,即使企业可以通过各种渠道获得融资,这些资金也终将被耗尽。

2002年5月14日,诚成文化(600681.SH)发布公告称,原第一大股东海南诚成企业集团有限公司在5月8日与湖南出版集团签署了股权转让合同,将所持有的诚成文化法人股2 350万股转让给湖南出版集团,转让价格为每股2.55元,全部转让价约为6 000万元人民币。股权转让后,湖南出版集团占武汉诚成文化总股本的11.3%,成为第一大股东,海南诚成企业集团以9.61%的股份退居第二位。诚成文化作为湖北武汉的上市公司,与湖南出版集团具有天然的"地缘亲密"关系,且诚成文化的主业——对书刊出版业、电子出版物、影视光盘、文化用品制作业、印刷业的投资,也与湖南出版集团的主业既交叉又互补。湖南出版集团在当时的出版行业内有一定的竞争优势,对于进军资本市场也跃跃欲试。而诚成文化恰好缺少主流媒体的背景支持。诚成文化与湖南出版集团在彼时彼刻走到一起,几乎是无可挑剔的"天作之合"。

---

① 中世主编:《软肋:中国企业死亡的14个拐点》,西苑出版社2005年版。

然而,湖南出版集团入主后却发现,诚成集团所谓的"战略合作"实际上是想借助出版集团的主流媒体平台和资本实力,将过去一些未能消化的项目继续运作下去。作为第一大股东的湖南出版集团事实上根本控制不了诚成文化,在二者的股份差距只有1.69%的情况下,第一大股东的位置并不重要,谁能取得最终的话语权取决于谁能联合到更多的中小股东。2003年2月,在入主仅9个月后,湖南出版集团就将所持股份作价6396万元悉数卖给了广东奥园。有说法称,"由于政策限制出版公司不得进入资本市场,出版集团受到了国家有关部门的批评"[1]才不得不将股份转手。而当时诚成文化的第二大股东刘波则涉嫌约40个亿的上市公司违规担保贷款,负债隐匿。事后来看,湖南出版集团在诚成文化的财务黑洞还没有披露之前即将其溢价转手,可谓险胜。

因为上市公司外壳具有稀缺性,所以一旦企业出现经营困境,还可以通过出卖壳资源获得补偿性收益。诚成文化事件影射了证券市场存在的制度性缺陷,借壳上市的门槛过低,导致借壳方可以轻易通过场外协议收购等方式取得上市公司的掌控权。而此种方式往往遮蔽了借壳方的资产状况、诚信度等硬件指标,为上市公司的后续发展埋下祸根。当前,证券市场借壳上市环节存在以下几种不良倾向:一是注重报表重组,通过关联交易粉饰报表,冀望以漂亮的报表来赢得增发实现再融资;二是把上市公司当成提款机,通过担保、占用资金、资产置换等手段掏空上市公司;三是打着重组的幌子制造诱人的概念,在二级市场炒作股票。[2] 综观当年的"出版第一股"从建构到破灭的历程,以上这三条是其致命伤。

股票代码600681一度四易其名:长印股份、诚成文化、奥园发展、万鸿集团,从1993年到2003年,这只股票上演了一出惊心动魄的"击鼓传花"。

---

[1] 《刘波为什么失踪?》,《新闻周刊》2003年第37期。
[2] 中世主编:《软肋:中国企业死亡的14个拐点》,西苑出版社2005年版。

凤凰传媒：投资者心理与股价波动的相关性探析

1.凤凰传媒与作为战略投资者的弘毅投资

凤凰出版传媒集团始于1953年组建的江苏人民出版社。2001年9月,在江苏省出版总社的基础上成立江苏出版集团,凤凰出版传媒集团即由江苏出版集团更名而来。集团融图书、报刊、电子音像、网络等出版物的出版、印制、发行、物资供应、对外贸易于一体,注册资本7.2亿元,销售收入、利润总额、资产总额等各项主要经济指标连续9年位居全行业榜首,在进入中国企业500强的出版集团中排名第一,位居首届全国文化企业30强出版发行类之首。2010年,凤凰集团销售收入超140亿,增长16.7%,总体经济规模和综合实力评估位居全国第一,是中国出版行业的龙头企业。

作为凤凰传媒战略投资者之一的弘毅投资成立于2003年,是联想控股旗下专事并购投资管理的子公司,致力于投资成熟行业的成型企业。弘毅投资以"增值服务,价值发明"为核心理念,被投企业往往处在该行业中的领先位置。弘毅投资作为中国起步较早、参照国际PE公司通例设立的专业投资公司,自2003年1月至今,先后在金融、建材、医药、设备机械、花费品、连锁服务等多个行业进行了投资。2008年6月,弘毅投资产业一期基金(天津)(有限合伙①)(简称"弘毅人民币基金Ⅰ")成立,基金规模50.26亿元人民币,成为第一批全国社保基金投资的市场化运作的私募股权基金。全国社保基金理事会出资20亿元,联想控股出资15

---

① 有限合伙是对合伙企业债务承担无限责任的普通合伙人与承担有限责任的有限合伙人共同组成的合伙。自2007年新的《合伙企业法》实施之后,伴随着国内股权投资市场的发展,有限合伙制已经成为很多私募股权投资基金(PE)的主要组织形式。有限合伙制尤其适用于风险投资,原因在于,在现实社会中,能够管好投资项目的人不一定有钱,而有钱的人不一定会投资。在这种情况下,采用有限合伙的管理架构,就使得这两部分能够结合起来。有限合伙主要适用于风险投资,由具有良好投资意识的专业管理机构或个人作为普通合伙人,承担无限连带责任,负责企业的经营管理;作为资金投入者的有限合伙人享受合伙收益,对企业债务只承担有限责任。

亿元,另外还有国家开发银行、中国银行等大型金融机构的出资。该基金是弘毅投资旗下第一支人民币基金,于2009年12月完成募集。除了投资凤凰传媒,弘毅投资产业一期基金(天津)(有限合伙)还曾通过定向增发投资中联重科(000157.SZ),但却遭遇股价"滑铁卢",中联重科股价从2013年2月初至此书撰写期间,最大跌幅已超过47%。

2. 弘毅投资与凤凰传媒的投资者关系梳理

1999年4月,江苏省新华书店改制为江苏省新华书店集团有限公司,性质为国有独资公司。其设立时的实收资本为1.5亿元人民币,江苏省人民政府为集团公司的出资者。2008年5月30日江苏省新华书店集团有限公司增资至166 666 667.00元,新增注册资本16 666 667.00元全部由新增股东弘毅投资产业一期基金(天津)(有限合伙)缴纳。经审计,公司2008年12月31日的账面净资产为人民币211 981.32万元,按1:0.7076的比例折成150 000.00万股(每股人民币1元)作为公司的总股本。公司经(2009)第23832号《验资报告》验证,并于2009年6月30日在江苏省工商行政管理局办理了变更登记手续。江苏凤凰出版传媒集团有限公司、弘毅投资产业一期基金(天津)(有限合伙)按其原出资比例享有江苏凤凰新华书业股份有限公司的股份。

2010年12月24日,凤凰传媒与弘毅投资签署了《增资认购协议》,同意凤凰传媒以其所持有的,经江苏华信资产评估有限公司评估的,江苏人民出版社有限公司等与出版业务相关的12家公司股权和出版主业资产(截至2010年8月31日的净资产评估值224 292.31万元)向江苏凤凰新华书业股份有限公司作价出资。截至2010年8月31日,经中联资产评估有限公司评估的净资产评估值为627 801.32万元,按照该评估值,出版集团出资资产折合53 590万股。此次增资完成后,江苏凤凰新华书业股份有限公司股本总额增至20.359亿股,其中出版集团持有18.859亿股,占比92.63%,弘毅投资持有1.5亿股,占比7.37%。在此期间,凤凰传媒于2011年11月完成IPO,而弘毅投资持有的15000万股作为禁售股,至2012年11月30日才解禁。

作为凤凰传媒第二大股东的弘毅投资产业一期基金(天津)(有限合伙),自2013年5月16日至2013年7月12日收市,累计共减持凤凰传媒公司股份1.5亿股,占公司股份总数的5.89%。至此,弘毅投资不再持有凤凰传媒股份。从2008年投资凤凰传媒,弘毅投资潜伏将近5年,获利7.54亿元。此次弘毅投资的投资收益率高达156.76%。

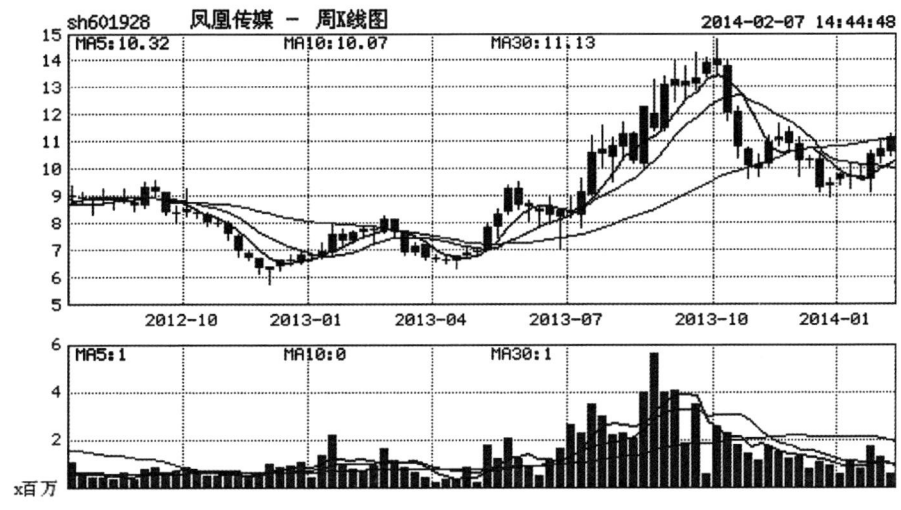

图5 凤凰传媒股价波动趋势图

从理论上来讲,在各种常用的风险资本退出方式中,公开上市通常被认为是最理想的退出方式,它不仅为投资人和创业人带来丰厚的回报,而且为风险企业的后续发展创造了广阔的空间。如果条件许可,大部分风险投资者都会选择上市退出。一般情况下,通过IPO退出的风险资本支持公司的收益率要高于那些出售方式退出的公司,且最优退出抉择取决于被投资公司的预期利润率。风险资本在IPO退出方式下,很少会在IPO时全部出售手中的风险企业股份。通常情况下,全部退出时风险资本会在IPO的一年内出售持有的全部风险企业股份,部分退出时风险资本在IPO的一年之内只出售其所持有的部分风险企业股份。

弘毅投资在凤凰传媒完成IPO后的第二年开始撤资,先后几次将其所持有的1.5亿股抛售殆尽。值得关注的一个特殊现象是,在2013年5月和7月弘毅投资先后两次的抛售行为发生之后,凤凰传媒的股价均出现了小幅增长(如图5所示),这与一般情况下的抛售行为通常引发股价跌幅的预期正好相反。这一现象同样也引起了凤凰传媒内部一些高层人士的关注,但至于弘毅投资撤出与凤凰传媒股价上扬之间的相关性,目前还未有科学角度的佐证。在此有必要分析的是弘毅投资撤出的时机及动机。据一位熟悉弘毅投资产业一期基金的私募人士的专业分析:"弘毅投资这次抛得如此坚决,毫不犹豫地将1.5亿股全部减持,也许是受中联重科的影响。弘毅投资总裁赵令欢曾多次表态看好中联重科,甚至觉得中联重科比联想还牛,但残酷的现实已经证实,在A股市场赚了钱就跑才是真理,这从弘毅投资此次减持凤凰传媒的决绝程度可见一斑。"[①]那么,联系到弘毅投资的减持行为与凤凰传媒股价小幅上扬之间的相关性,可否理解为广大股民作为理性的旁观者,其对于风险投资的撤出对凤凰传媒的未来发展有着更为良好的预期?是否可以理解为凤凰出版传媒集团的相对集中持股能够给予广大股民更大的信心?

3.从股价波动看投资者心理

客观世界中的政治、经济、社会等状况会主观地反映在投资者的心理层面上,而投资者自身往往根据这些"主观反映"形成对股票的价值判断。其中投资者的心理因素作为股票暴涨或暴跌的重要原因,当公众中的大多数对股票有信心、看涨时,股票价格往往上涨;当公众中的大多数

---

① 饶玉哲:《弘毅投资清仓凤凰传媒 潜伏5年获利7.54亿元》,finance.sina.com.cn/money/smjj/20130716/214216143007.shtml。

对股票无信心、看跌时,股票价格往往下跌。这就是所谓的"自我实现的预言":事实总是朝人们预期的方向发展。乔纳桑·梅尔斯认为,股票的总体价值由三部分组成:①基础股票价格,指建立在有形资产和过去的业绩基础上的基本价格;②无形价格,即建立在素质资产上的价格;③心理价格,指建立在非理性的系列性错误、市场压力、对未来增长和企业业绩的预期等基础上的价格。①

全流通以后,非流通股的股东身价不再以净资产衡量,而是以动态的市价来估值。股改以后,大股东利益直接与股价挂钩,企业经济价值增长的成果往往通过企业效益显现出来。由此,上市公司通过有效的沟通来提升公司的股价溢价,提升公司价值的欲望也会有所增强。考核公司价值的重点不再是市场公司利润及静态资产,而是市值动态。股价是投资者对上市公司的预期,股价高说明投资者看好公司的发展,股价低则说明投资者对公司发展没有信心。上市公司实现IPO后将成为公共公司,就要对所有的投资者负责。只有当公司需要再融资的时候,比如配股、增发,这时二级市场的股价才对公司产生影响。从理论上来讲,如果没有融资需求,上市公司便没有理由去持续关心或特别关心公司的股价。无数事实证明,用业绩说话才是取得资本信任的首要奥义。李彦宏说:"我不会每天关注自己的股价,只要把工作做好,股票自己会照顾自己。"值得深思的案例是,中国概念股在经历了2011年美国资本市场上做空力量、评级机构、对冲基金的联合绞杀之后,如何在残酷的金融游戏中成长起来,如何走出信任危机的泥潭,是当前面临的一大课题。

所谓的市值管理并不等于股价管理,上市公司不能操纵股价,但市值与股价存在着直接联系。股价涨跌由市场因素决定,但这不应该成为上市公司对股价"不管、不理、不问"的挡箭牌。尽管增持与回购等措施不

---

① 汪伟全:《试析投资者心理对股票价格的影响》,《价格理论与实践》2007年第5期。

一定能在熊市中力挽狂澜，但却可以向困境中的中小股东传递信心。市值的大缩水往往能够倒逼上市公司关心股价。通常情况下，管理层关心股价可能有以下原因：①上市公司往往有利用公开市场渠道持续融资的需求，不管是定向增发还是企业债，股价太低都没有好处。即使短期没有这样的需求，至少在长期范围内也存在着潜在的融资需求。②管理层和核心员工的股权激励是与股价直接挂钩的，利益的影响是最直接的。③上市公司股价低迷或者突然暴跌，往往会引起不明真相的商业合作者不必要的担心。④公司进行合并、并购或被收购，要么在一定程度上通过换股进行，要么实际成交价格与股价直接相关。所以股价太低时进行收购操作成本过高，也有可能成为竞争对手的收购目标。⑤管理层向员工发放期权，股价高期权价值更大，对员工激励更强。实际上，股价高了，期权设置方面就更灵活，管理员工和挽留员工的手段也更丰富。

笔者访谈了3家出版上市公司的高层管理人员，他们均表示自己并不太关心本公司股价的实时涨跌，甚至于其本人对于股价的关注频率也远没有一般投资者那样频繁。究其原因，上文中李彦宏所提到的那段话有可能成为解释这一现象的最佳答案。股民所关心的是上市公司实实在在的业绩及未来的发展战略，而非资本市场的其他变动要素。从弘毅投资减持凤凰传媒，并致使其股价不跌反涨的经历中，目前我们可以抽绎出的经验或许在于：出版上市公司应当对自己所经营的主业抱有全然的信心，很大程度上，公众投资者正是基于对出版上市公司传媒板块的特殊题材才持有其股票的。作为已上市的出版企业，应当有这样的产业自信与文化自觉。

大地传媒：募投项目及资金使用情况分析

由于地缘的接近性，笔者选取了中原大地传媒股份有限公司（以下简称"大地传媒"）的募投项目作为分析研究的对象。2003年1月21日，国家原新闻出版总署批准组建河南出版集团作为全国出版改革的试点单位。2007年12月27日,由河南出版集团改制组建的中原出版传媒投资控股集团有限公司成立,成为国有独资出版传媒企业集团。2011年5月27日,中原出版传媒集团借壳 S*ST 鑫安(000719.SZ)成功获得中国证监会行政许可核准,登陆深圳证券交易所。同时,中原出版传媒集团旗下11家全资子公司及北京汇林纸业有限公司、北京汇林印务有限公司两家控股公司及中小学教材代理出版业务①得以注入中原大地传媒股份有限公司。

2013年8月,大地传媒发布购买资产并配套募资预案,拟向控股股东中原出版传媒集团以现金及发行股份购买资产的方式,购买中原出版传媒集团下属的图书发行等业务的经营性资产,并募集配套资金。大地传媒本次收购资产包括中原出版传媒集团所持下属河南省新华书店发行集团有限公司100%股权、河南出版对外贸易有限公司100%股权、河南人民出版社有限责任公司100%股权、河南省郑州市新华书店有限公司100%股权。中原出版传媒集团所持大地传媒下属子公司——大象出版社有限公司总额为500万元的委托贷款债权。上述资产预估值约为28.54亿元。其中,大地传媒以现金支付本次购买资产交易对价的15%,现金对价为4.281亿元;剩余85%通过向中原出版传媒集团发行股份支付,发行价为9.33元/股,发行数量为26 001.07万股。与此同时,为提高整合绩效,大地传媒拟以8.4元/股向不超过10名其他特定投资者发行11 325.40万股,募集配套资金约9.51亿元。所募资金主要拟用于本次

---

① 2013年10月,《中原大地传媒股份有限公司投资收益分配管理暂行办法》明确了对投资企业的投资收益管理应以维护大地传媒利益最大化为目标,并与本公司的总体发展战略相一致。对投资企业投资收益的管理,按本公司的持股比例分别确定。
  (1)全资子公司按当年实现的可供分配利润的40%计算缴纳(大象出版社郑东新区分公司按当年实现的可供分配利润上缴80%)。
  (2)控股子公司的利润分配方案,由其股东会(股东大会)或董事会决定。
  (3)参股公司的利润分配方案由参股公司主要股东提出,并由参股公司董事会或股东会通过。

交易标的资产在建项目建设、交易对价的支付以及补充上市公司流动资金等。

2013年10月,为顺利完成募资,大地传媒专门制定了配套的《大地传媒:募集资金使用管理办法》(以下简称《管理办法》)。其中明确指出:募投项目应按承诺的计划进度组织实施,且出现以下情形的,公司应当对该项目的可行性、预计收益等重新进行论证,决定是否继续实施该项目,并在最近一次定期报告中披露项目的进展情况、出现异常的原因以及调整后的募集资金投资计划:

①募投项目涉及的市场环境发生重大变化的;

②募投项目搁置时间超过1年的;

③超过最近一次募集资金投资计划的完成期限且募集资金投入金额未达到相关计划金额50%的;

④募投项目出现其他异常情形的。

对于募集来的闲置资金,大地传媒同样制定了相对严格的使用规则。《管理办法》中明确指出,公司可以将募集来的闲置资金暂时用于补充流动资金,但应当符合以下条件:

①不得变相改变募集资金用途;

②不得影响募集资金投资计划的正常进行;

③单次补充流动资金时间不得超过6个月;

④已归还前次用于暂时补充流动资金的募集资金(如适用);

⑤保荐机构及其保荐代表人、独立董事、监事会出具明确同意的意见。

接下来,大地传媒在2013年11月公布的《中原大地传媒股份有限公司重大资产重组募集配套资金投资项目的可行性研究报告》(以下简称《报告》)中指出:"本次重大资产重组拟募集配套资金总额不超过98 600.15万元,拟用于投资以下项目……"表27即根据大地传媒披露的投资项目明细汇总而成：

表27　大地传媒募投项目一览表(单位：万元)

序号	项目名称	投资金额	自有资金投入金额	募集配套资金投资额
1	发行集团经营网点建设项目	24 303.34	8 800.00	15 503.34
1.1	河南省博爱县图书大厦建设项目	2 000.00	750.00	1 250.00
1.2	河南省淮滨县新华书店图书音像综合楼项目	2 350.00	900.00	1 450.00
1.3	河南省南乐县图书大厦建设项目	4 690.34	1 650.00	3 040.34
1.4	河南平舆县新华文化商城项目	3 363.00	1 200.00	2 163.00
1.5	河南省上蔡县新华大厦建设项目	1 700.00	600.00	1 100.00
1.6	河南正阳县图书超市综合楼建设项目	4 000.00	1 500.00	2 500.00
1.7	驻马店市图书影视艺术中心建设项目	6 200.00	2 200.00	4 000.00
2	物流配送暨文化综合体运营中心项目	32 000.00	5 000.00	27 000.00
3	数字内容发行平台项目	16 013.00	4 286.19	11 726.81
4	本次交易现金付价支付	44 370.00	—	44 370.00
	合　计	116 686.34	18 086.19	98 600.15

《报告》中所提到的发行集团经营网点建设项目分别涉及7个县市。作为固定资产投资，大地传媒针对以上7个项目分别做了较为详尽的项目概述、项目投资规模及建设周期预估、项目实施主体认定、项目投资估算及项目审批情况的描述。对于七大固定资产投资项目的功能描述定位，《报告》出现最为频繁的措辞是"城市文化综合体""文化消费体验中心"。对以上7个为河南省经济发展相对滞后的县市进行文化固定资产的投资，一方面是出于区域经济文化协调发展的考量，另一方面也能够为出版上市公司的业绩起到立竿见影的拉动作用。

作为物流配送暨文化综合体运营中心项目的实施主体，河南省新华书店发行集团有限公司的建设内容包括河南省新华书店发行集团管理平台和业务平台两个组成部分。其中,管理平台包含结算中心、管控中心、客户体验中心和信息中心等功能;业务平台则包含业务中心、电子商务中心和商品集散中心等功能。本项目的实施不但可以为河南全省新华书店体系内的单位提供管理支撑,还可以优化资源配置,统一调度和指挥全省书店的城市文化综合体建设运营工作。通过全力打造"整体书房"体验馆,整合打包"泛文化"经营产品,开展不同层次的会员活动,为全省书店城市文化综合体建设提供良好的展示与体验平台。发展整体书房、电子商务、产品物流等多种业务类型,有助于推动公司以图书发行为主营业务的混业经营模式高效、健康、快速发展。综观目前已上市出版企业的募投项目,物流配送体系的建设作为一个必选项,经常出现在项目实施论证之列,这从某方面反映出业界对于增强物流配送体系的重视程度。

数字内容发行平台项目依托于母公司所拥有的丰富的出版物内容资源和募投项目致力于打造的国内先进的数字内容发行平台。该平台由全媒体加工中心、数字内容管理平台和数字内容投放平台三部分组成。其中,全媒体加工中心采用先进的数字转换技术,对集团公司旗下的各出版社以及政府部门、图书档案馆、高校与企业等生产的传统出版物以及各种文化相关产品、教育资源进行数字化、碎片化处理,对文本、图片、视频、音频等内容进行全媒体加工,形成可支持按需印刷(POD)业务的资源库,激活母公司出版存量资源,丰富现有出版形态及应用形式,实现图书产品由传统媒体向数字媒体的转换。数字内容资源管理平台则对全媒体加工中心生产的产品进行存储、编辑、管理,利用数字出版技术和数字版权保护技术,以数字资源整合与应用为核心,实现数字内容的产品化制作。数字内容投放平台是将经授权与加密处理的数字内容通过传统媒体、互联网、手机、终端阅读器、数字内容投送终端以及教育内容资源数据库等各种渠道进行分发。数字出版作为近年来备受资本市场关注的一块内容题材,其对投资者眼球的吸引有着不可替代的功劳。

综观大地传媒的三大募投项目发现,其投资组合具有一定的互补性:通过7个县市的固定资产投资,在全省的主要地区建立起符合现代城市文化消费趋势的综合图书卖场,这有利于进一步提升公司图书发行业务的规模和整体业绩水平;通过物流配送体系及数字出版平台的建设,公司得以顺应目前传媒行业数字化发行的趋势,打造国内先进的数字内容发行平台,为公司未来经营业绩的提升建立新的发展点。

二 出版传媒上市公司投融资关系的反思

出版传媒上市公司投融资决策互动

在现代金融资本市场中,投资和融资往往是同一资本活动的两个方面,投资环节是融资问题的应有之义。广义的融资包含了资金的融入和融出,既包括吸纳各种具有特定利益诉求的资本,也包括把所吸纳的资本向更有利可图的领域输出的过程。融资与投资的资本流动方向是相反相成的,投资是把现有的确定的钱花出去换取未来的不确定的收益,而融资则是用未来不确定的收益承诺换取现有的确定的资金。[①]

出版产业的投融资不仅仅是资金的融入过程,还应包括前期的项目寻找、项目投资价值的评估、所需资金的融入、投资、对整个项目的管理以及后续资金的退出等。[②] 出版上市企业的成功募资尤其需要投资项目前期的科学论证。从某种程度上来讲,出版产业投融资的运行机制即是指从项目中寻找到资金退出的全过程。因此,建立完善的出版产业投融资运行机制的核心,就是要规范出版产业投融资的微观管理机制,以便有效地控制并合理地规避出版产业的投资风险。

融资是为了投资,资本积聚是为了资本使用,只有把资本投入到生产

[①] 魏鹏举、周正兵:《文化产业投融资》,湖南文艺出版社2008年版。
[②] 有学者将这四个环节概括为:融、选、帮、退。

经营活动中,才能满足资本对剩余价值的追求。资本的偿还性决定了融入资本要讲求其使用效益,只有在融入资本的最终使用能获得较好的投资收益,资本周转顺利经过各种形态并最终回到货币资本形态时,才能按时归还借入资本,并且在周转过程中实现资本增殖,在交付融资利息和费用后,获得经济利益。资本的使用效益取决于资本投资的回报率。只要投资项目效益好,即使融资成本较高,借款本息到期仍有偿还能力,最终仍能实现资本对剩余价值的追求;相反,若融入资本使用效益差,投资回报率低,在资本运转过程中发生沉淀,融入资金积压,无法支付借款本息,即便是融资成本较低,仍无偿还债务的能力,最终仍然不能满足资本增殖的需求。所以,不管采用何种融资方式,资本的最终使用效益将是其选择的根本制约因素。①

据统计,国外大型出版企业在成功融资后,主要将其用于兼并、重组其他弱势出版企业,实现低成本扩张,用经济手段调整出版产业结构,迅速形成规模效应;而我国的出版业在融资后却主要将其用于出版社的内部建设。② 目前大多数出版上市企业已经主动参与到资本运作的洪流当中,但融资和投资活动的规模与其他行业相比还非常之小。由于大多数出版企业在上市之前就拥有大量的闲置资金,且资金来源多为自有资金,因而在最开始涉入资本市场时对融资的诉求不太明显,显示出某种"纳呆"的症候。综观各大出版上市企业的募投项目,其投资方向较多地集中于固定资产建设、扩展下游产业、发展数字出版等项目,具体表现为投资项目的单一性重复,多样性及特殊性得不到很好的体现。由于出版业获准进入资本市场的时间较晚,因此其对于资本市场的功能认识尚停留在较为初级的阶段,有目的的杠杆收购活动、重组兼并活动还较少。从出版上市企业的整体表现来看,我国出版企业的资产规模及资金实力都还处

---

① 刘春长、王长友:《资本运营家》,中国城市出版社1997年版。
② 王关义、孙海宁:《出版集团上市面临的内生矛盾探析》,《出版发行研究》2007年第8期。

于明显的弱势地位,在投融资决策互动中尚缺乏经验的积累及创新性的产业实践。

影响出版传媒上市公司投融资决策的要素分析

美国著名经济学家、诺贝尔经济学奖获得者赫伯特·西蒙教授曾说过:"管理的核心问题是经营,经营的核心问题是决策,决策的核心问题是创新。"成功的投融资决策同样需要创新思维的灌注。上市公司的质量是证券市场投资价值的源泉,而考量一家上市公司的投资价值要从宏观经济、行业状况和公司情况三方面入手。作为出版传媒上市公司的投融资决策,同样受制于以上三大要素。

1. 宏观经济与政策因素

中国证券市场自筹建以来,受货币政策、财政政策、产业政策、监管政策的共同影响,经常发生股票价格齐涨齐跌的现象。股票价格作为实体经济的价值体现,反映的是未来预期而不是当下或历史的业绩,当经济形势无力支持投资者对回报率的期望值时,理性的价值回归将成为必然趋势。证券市场被看作"国民经济的晴雨表",股票市场价格的波动受政治、经济和社会心理因素的共同影响,是宏观经济的先行指标。可以说,宏观经济的走向决定了证券市场的长期趋势,进而决定了证券市场投融资领域的开放力度。宏观经济环境决定了整个经济活动中资本的供给和需求以及预期通货膨胀水平,这个经济变量反映在无风险收益率上。无风险收益率代表了无风险投资的收益率。由于宏观经济中的资金需求与供给会发生相对变动,投资者也会相应改变其要求的收益率。

从宏观经济的运行来看,通常都不可避免地受到经济周期的影响:社会经济运行经常表现为扩张与收缩的周期性交替,每个周期一般都要经过高涨、衰退、萧条、复苏四个阶段。由于股价的变动通常比实际经济的繁荣或衰退领先一步,所以股价水平已成为经济周期变动的灵敏信号或先导性指标。因此,在出版传媒上市企业有进一步的投融资计划时,通常要对整体的宏观经济走势进行科学的预估及观测,尽量避免与宏观经济走势逆行。

上市企业的投融资决策还受到财政政策及货币政策的影响。其中,财政政策对投融资决策的影响具体表现在:其一,通过扩大财政赤字、发行国债筹集资金,增加财政支出,刺激经济发展。其中,国债发行量会改变证券市场的证券供应和资金需求,从而间接影响投融资决策;或是通过增加财政盈余或降低赤字,减少财政支出,抑制经济增长,以此影响投融资决策。其二,通过调节税率影响企业利润和股息,干预资本市场各类交易适用的税率,如利息税、资本利得税、印花税等。

货币政策对上市公司投融资决策的影响表现在:其一,中央银行提高法定存款准备金率,商业银行可贷资金减少,市场资金趋紧,上市企业融资受到约束,投资市场也趋于紧缩;中央银行降低法定存款准备金率,商业银行可贷资金增加,市场资金趋松,融资渠道增多,投资活动也随之活跃。其二,中央银行通过再贴现政策手段,提高再贴现率、收紧银根,使商业银行得到的中央银行贷款减少,市场资金趋紧,投融资活动随之减少;反之,投融资市场则趋暖。中央银行通常采用存款准备金制度、再贴现政策、公开市场业务等货币政策手段调控货币供应量,从而实现发展经济、稳定货币等政策目标。

2013年6月,我国金融界的同业拆借利率创下了改革开放以来的最高值,这意味着金融机构极度缺钱或惜贷,银行业的流动性极度紧张。正常情况下,钱应该流向实体经济,即企业获得银行的贷款进行生产经营或项目投资,再发工资给个人,个人则通过消费将钱流回企业,这才是一个健康的经济模式。我国目前的情况是,很多钱没有如预期那样进入实体经济,而是留在金融系统里空转套利。近年来银行间市场的快速发展也使得银行可以通过同业拆借以很低的成本从金融机构快速获得大量资金,再通过杠杆投资和期限错配将资金投入其他类似影子银行的高收益市场。只要合理安排好到期资金计划,通过循环往复的交易,银行就可以实现套利。尽管央行印了很多人民币,但大量货币沉淀在地方政府债务、虚拟票据、房地产等领域。上述经济危机是由过度信贷未流向实体经济造成的。最需要钱的中小企业依然融资困难,这更加剧了实体经济活力不足的问题。对于国内商业银行间资金拆借市场出现的罕见"钱荒",央行初期的"坚持不救市"态度是想让商业银行更审慎地对待风险控制,改进流动性管理。2013年6月18日和20日,央行分别发行了3个月期20亿元中央银行票据①,对于缺钱的银行再次造成心理打击。发行央票意味着进一步回收流动性。尽管央行最终还是会选择出手救市,但决策层要求借助金融之手盘活存量、激活实体经济的决心不容小觑。

2. 行业生命周期

每个行业都要经历一个由成长到衰退的演变过程,这个过程便称为行业的生命周期。一般来说,行业生命周期可以粗略地划分为初创期、成长期、成熟期、衰退期四个阶段。行业处在不同的生命周期,其投融资策略亦不相同。

处于初创期的行业,由于初始资本投入不足、资本积累能力差、缺乏周密的资金周转计划、开发费用较高而产品市场需求狭小等原因,使得其普遍存在资金需求量大与融资渠道狭窄的矛盾。因此,处于初创期的行业面临的最大困难是资金短缺。由于信用风险等方面的原因获取债权融资较为困难,而主要应通过股权融资特别是吸引风险投资者的资金,通常在股票发行方式上采取不公开直接发行的形式,以便降低发行成本和增强弹性;在利润不足的情况下,内部形成的留存收益较少,行业多选择风险投资的形式。因此,处于初创期的行业通常重点选择内源融资和吸收

---

① 中央银行票据,是央行为调节商业银行超额准备金而向商业银行发行的短期债务凭证。

风险投资的投融资战略。

处于成长期的行业,其主要任务转变为拓展市场以扩大市场占有率。市场拓展需要大量的营销费用,此时行业收益水平虽然有所提高,现金流量开始增加,但生产经营环节所需的大量资金并不能从市场上筹集到,因此,完全靠负债形式来筹集资金并不现实。对于成长期行业来讲,资金不足的矛盾仍然要通过收益留存、适度举债、股权融资三种途径解决。其中,债权融资包括短期负债融资和长期负债融资。处于成熟期的行业融资战略是要结合企业自身的财务状况、风险的喜好、所处行业的特点,综合考虑综合成本、融资规模与行业发展速度的协调性,具体采用商业信用、与银行间的周转信用借款、长期贷款项目以及对外公开发行债券和股票等方式。

处于成熟期的行业已具有相当的盈利能力,产品的质量和市场销路已经趋于稳定,有一定规模的现金净流量,易于获得各种优惠的贷款机会,并具备进入公开市场发行有价证券的资产规模和信息条件。尽管有众多的低成本债券资金可供选择,但适度的负债是成熟期行业的明智选择:一方面,处于该阶段的企业有了一定的积累,对于外界举债筹集的资金并不十分依赖;另一方面,企业销售额和利润虽然在增长,但增速减慢是企业逐渐萎缩的前兆。此时企业宜采取稳健的财务战略,这样既可以保证企业不会因为举债太多而增大财务风险,也不至于全部是股权资本而使综合资本成本提高,降低自身净资产收益率。此外,行业处于成熟期时现金流量充足,融资能力强,能随时筹集到经营所需资金,资金积累规模较大,税后利润相对稳定,具备较强的股利支付能力,宜采取稳定的股利政策或是固定股利支付率政策。①

进入衰退期的行业,销售额和利润额都明显下降,市场需求开始逐渐

---

① 陈芳:《基于企业生命周期的融资战略选择》,《中国管理信息化》2011年第13期。

减少,产品的销售量开始下降,有实力的企业会选择价格下调和更为宽松的信用政策。此阶段股票价格开始下跌,发行股票、债券融资变得相对困难,银行信用贷款收紧,行业融资能力下降。受业绩压力和来自于证券市场股票价格压力的影响,管理层迫切需要扭转企业财务恶化的局面;为了优化资产负债结构,改善现金流状况,衰退期的行业可以采用资产证券化融资战略,这样不仅可以增强企业的资产流动性,还有利于企业获得较高的资信评级,改善公司的财务状况并提升公司的经营状况,使企业的运营转入良性循环状态。[①]

在复杂的经济格局下,投资资本市场首先要观察其所属行业的景气度。一个高速成长的行业可以让一个原本稚嫩的公司在发展中逐步壮大;反之,在一个衰落的行业中,尽管优秀的公司也能保持较好的经营状况,但其即使提高1个百分点的毛利都需付出极大努力。在超高的毛利诱惑下,社会资本必定大量进入一个高增长的行业。综上分析判断,出版传媒上市企业目前尚处在较为成熟的行业生命周期中,其投融资特征也与之契合。也就是说,此时的出版上市企业宜采取较为稳健的投融资策略,积极利用行业自身的信用优势创新投资方式,维系该行业的可持续发展。

3.企业自身状况

企业的发展战略、财务水平与高管意志共同构成了企业内环境影响投融资决策的三大要素。

企业的发展战略一方面明确了企业发展的方向、定位和盈利水平等,另一方面也规定了投资项目的决策基调。投资项目必须在企业总体发展战略的指导下进行,要符合企业未来的发展方向,体现企业在行业中的地位,投资完成后要能够实现企业预期的收入和利润目标。若投资项目与

---

① 陈芳:《基于企业生命周期的融资战略选择》,《中国管理信息化》2011年第13期。

企业的长期发展战略相一致(前提是企业要有一贯的战略方针),则意味着企业可以在原有投资的基础上进行长期的追加投资,或在相关业务的投资上实现资源共享,以节约企业的整体投资成本;若投资项目本身与企业发展战略不相一致,且企业没有根据投资情况对其发展战略进行调整的趋势,则该投资即使能够暂时获利,也可能会由于缺少长期资源的支撑而最终失败。因此,投资项目符合企业总体战略是项目成功的基础和关键。

影响企业投融资决策的财务因素包括偿债能力、项目营运能力及投资项目的盈利能力。要正确判断某项目在经济效益上是否可行,除了项目的投资利润率、投资利税率、投资报酬率、资本金利润率、销售利润率、投资回收期等静态指标外,还必须对财务净现值、财务净现值率、财务内部收益率、动态投资回收率等动态指标进行计算和分析。针对项目的不确定性进行投资分析,应用净现值法进行投资决策。假定企业投资环境是确定的,这意味着企业对投资的未来收益是清楚的。企业的投资决策过程就是一个计算投资的未来收益与投资成本的比较过程。

Jensen 和 Meckling(1976)曾提出所谓的"资产替代"效应,他们认为,高的债务负担会激励代表股东利益行事的经理们去尝试那些尽管成功机会甚微,但一旦成功便获利颇丰的投资项目。原因是,如果这些投资成功,经理/股东将获得大部分收益;如若失败,则由债权人承担大部分费用。其结果是将财富从债权人手中转移到股东手中,而风险却转移给债权人,债权人遭受额外的风险却没有额外的预期收益,使得债权人要求有更高的回报或者进行信贷配给。Myers(1977)则提出了债务漠视(Debt overhang)理论。他认为,当经理与股东利益一致时,高的债务负担会使经理拒绝那些能够增加企业市场价值,但预期收益大部分属于债权人的投资。显然,过高的债务负担削弱了(自由现金流低的)企业对好项目进行投资的积极性。①

从当前上市企业法人治理结构的运行现状来看,核心高管个人的意志对于投融资决策的影响仍是无法忽略的一个组成部分。在现实经济生活中,相对于理论分析中的最优投融资规模,公司总会存在投融资过度或投融资不足等投融资扭曲问题。从相关性的角度来看,这与核心高管自身的意志(或者说进取心)不无关联。处在事业上升期或是拥有某种进取型性格特质的高管,其在投融资决策方面较为自信、大胆,反映在企业发展战略上多表现为规模的扩张,甚至有可能出现过度投资的情况;反之,则可能导致整个企业的发展战略及投融资思路都趋向于保守。

三 小结

本章从不同视角对诚成文化、凤凰传媒、大地传媒三家出版上市企业的投融资实践进行案例解剖,并在此基础上对出版企业的投融资关系进行反思,试图从中抽绎出影响出版企业投融资决策的因素。诚成文化的昙花一现也许和当时资本市场的大环境及运营者的发展思路有关系。凤凰传媒在遭遇弘毅投资的悉数减持后,其股价不跌反涨的现象,原是笔者在访谈中捕捉到的一个细节,这是否能说明公众投资者对于出版传媒行业的极大信心,是否能说明出版行业正处在较为成熟的生命周期阶段,还需要进一步的实证研究。

---

① 王治、周宏琦:《负债、负债结构与企业投资行为——来自中国上市公司的经验证据》,《海南大学学报(人文社会科学版)》2007 第 4 期。

第6章
出版传媒上市公司的投融资风险与规避

一 潜在风险

出版金融市场的政策波动

出版业较强的意识形态属性决定了出版资源的公共物品属性,出版产业的特殊属性进一步导致了该领域的投融资行为不同于一般产业。出版政策的波动对于该领域的金融行为有着较为显著的影响,来自出版产业内部的政策波动及来自金融市场的政策波动共同构成了出版金融市场的政策风险体系。

在本书第2章出版传媒上市公司的投融资环境分析中,已对出版产业的政策环境与金融市场环境做了较为详尽的分析。梳理我国出版产业关于投融资政策的变迁路径发现,出版产业政策对于投融资这一敏感领域经历过某种意义上的"思想解放"洗礼。从以"试点、合作"的方式在全国新闻出版系统融资(2003年《关于规范新闻出版业融资活动的实施意见》)到"积极推动有条件的出版、发行集团上市融资"(2006年《关于深化出版发行体制改革工作实施方案》),出版产业对投融资领域的探索不断深入,在很大程度上有赖于出版产业政策对于开放、支持、鼓励该领域的姿态不断地明朗化。尽管近年来我国出版产业政策对于投融资领域的规范显示出一种较为稳健的逐步开放姿态,但产业政策的规范约束力并没有因此而消解。产业政策的调节一方面滞后于产业实践,另一方面又拥有着引导和规范产业行为的功能,因此,来自出版产业政策的波动很大程度上是出于纠偏产业实践的初衷。

来自出版产业内部的政策波动需要辩证地看待,过于严苛或是放任自流都不利于产业的健康发展。与我国管制相对严格的出版产业政策形成对比的是美国的文化产业政策。美国的文化产业政策看似"无为",至今为止并没有一个正式的文化管理部门,但却催生了当今世界上最为发达的文化产业,正是这种"无为"的文化产业政策,使得美国文化产业焕发了极大的活力,也促使美国迅速从一个文化资源小国转变为全球文化产业大国。值得我们深思的是,美国这种无为开放的市场策略实际上可能隐藏着更为深刻的意识形态灌注。[①]

来自金融市场的政策波动构成了出版金融市场政策波动的另一个重要维度。当前,中国的资本市场作为"政策市"的特征仍然较为明显,由于出版上市公司多由国企改制而成,企业难免受到政府的非市场化制度安排:一方面银行贷款向国有企业非正常倾斜,另一方面民营企业融资面临着"所有制歧视"。一方面国有企业内部现金流水平普遍偏低,投资拉动严重依赖外部融资,银行债务的约束软弱;另一方面受有关金融政策的倾斜,上市公司利用证券市场"圈钱"成风,存在着严重的股权融资偏好、

---

① 辛阳:《中美文化产业投融资比较研究》,吉林大学2013年博士学位论文。

频繁变更募集资金投向、投资效率低下等问题。上述经济转轨过程中的信息不对称和政府的非市场化投融资制度安排相互作用,共同构成了我国出版金融市场的政策波动风险。①

关联交易中潜在的道德风险

目前,我国的集团型上市公司大多非真正意义上的整体上市。从当前已有的大型出版企业的上市步骤来看,由于股份制改革进程中的一些历史原因,为保证上市顺利完成,各省域出版集团通常选择将优良资产和业务注入上市公司,而经营性不强或者国家有特殊要求的企业资产以及相关人员会留在母公司。上市完成后,集团的核心业务并不在上市公司。上市公司的发展严重依赖出版集团,母公司的存续企业和业务同样也需要生存和发展。这种两相分离又彼此牵扯的情况,势必导致出版上市集团与母公司之间关联交易的增多,这既是出版上市公司信息披露中需要特别关注的重点,同样也是上市公司易于出现道德风险的节点之一。②

由于投融资信息的不对称,出版上市企业的投资过程监管困难以及投资收益的高度不确定性,使得出版产业投融资存在着较为严重的道德风险和逆向选择③问题。其中,"道德风险"作为20世纪80年代西方经济学家提出的一个经济哲学概念,意味着在经济活动中,在交易和合约形成后,由于信息的不对称性使得一方的行为难以被另一方所感知,从而导致一方最大限度地增加自身效用而损害另一方利益的行为。出版上市企业的道德风险主要集中并体现在投融资领域,概因该领域关涉资本的增殖及利益分配的核心环节。

---

① 王治:《现金流、资本结构与企业投资行为——理论分析与经验证据》,《第三届中国管理学年会论文集》2008年。
② 丁计魁:《集团型上市公司的信息披露问题简析》,《经济研究导刊》2011年第35期。
③ 在金融市场上,逆向选择是指市场上那些最有可能造成不利(逆向)结果(即造成违约风险)的融资者,往往就是那些寻求资金最积极而且最有可能得到资金的人。金融中道德风险:资金短缺者获得资金盈余者提供的资金后,违反合约从事高风险投资活动。

具体到投融资流程,出版上市企业在权益性融资环节中最易发生道德风险,其危害性主要体现在几个方面:首先,上市公司经营者努力经营的意愿降低,导致资金使用效率降低;其次,上市公司投资策略短期化或过度投资,导致企业价值降低。由于经营者本质上都是风险厌恶者,这使得他们在投资决策时往往会倾向于选择风险较低的投资项目,从而放弃对股东更为有利的高风险投资项目;再次,上市公司缺乏正确的权益融资观念,容易损害公司的信誉和形象;最后,上市公司在公司控制权交易上的道德风险及权钱交易,势必造成国有资产的大量流失。[①] 基于此,江苏凤凰出版传媒股份公司董事长陈海燕曾指出"官独董"现象(以高官身份受聘独立董事),值得深思。目前,A 股上市公司所聘前任官员约 1 600 人,其中近 500 人任独立董事,副部级以上独董不少于 20 人。有关退休官员在上市公司、基金公司等高薪企业任职的相应规定并未得到严格执行。"官独董"现象倘或引发"期权腐败"、企业借助政商关系谋取不当利益、独立董事沦为慰劳性闲职等弊端。道德风险在出版上市企业所发展出的不同表现形式,都应予以警惕。

出版上市企业与大多数脱胎于国家控股的大型企业一样,存在着国有资产授权经营的问题。出版上市企业在产权归属问题及主营业务性质方面具备着一定的"公共性"。据经济学领域的既有研究成果显示,产权在共有权利制度下,容易出现"搭便车"的外部行为。最早由哈佛大学教授哈丁(Garrett Hardin)提出的"公地悲剧",意味着在资源向所有人开放的情况下,每个人拥有使用权,且没有人有权阻止其他人使用,个人从公有资源的利用中受益,但却仅分摊一部分资源成本,这终将导致资源的过度使用和枯竭。出版上市企业在融资环节中通过股市募集而来的社会资金即存在着这种"公共性",由于资金来源与资本运营者的普遍分离,一

---

① 周元:《浅谈上市公司权益性融资中道德风险防范》,《中国集体经济》2009 年第 31 期。

定程度上导致了资金使用过程中的潜在的道德风险。虽然出版上市企业的经营者受制于各种严苛的法律约束、道德约束、市场约束和舆论约束,但潜在的道德风险仍然难以完全规避,于投融资环节发生的败德行为更是防不胜防。公众对于投资收益并没有一个明确的预设,他们只是通过"用脚投票"的形式表达自身的态度。但通常,这只脚很有可能早已被套牢,"深陷泥沼"而不自知。

对于大多数产业领域来讲,融资者与投资者在达成投融资协议时就在事实上结成了利益共同体,亦将受制于用于分配联合投资利润且具有法律约束力的合同。出版上市企业作为具有特殊属性的行业,其投融资领域的道德风险还具备以下几点特殊性。

首先,由于出版传媒业的特殊性,出版集团作为国家控股企业,承担着最主要的风险,集团委托管理层具体组织和管理其内部的经营活动,取得大部分的剩余收益。作为投资者的公众与机构,虽然承担一定程度的风险,但一般情况下并不直接参与日常经营管理,只是希望取得高额回报或持有能够不断升值的股份。在这种情况下,只有当集团运作正常且有剩余收益时,投融资双方才可能同时获益。

其次,倘或融资后出版传媒集团不能实现赢利,投融资双方的利益将同时受损。因此,双方的利益取向并不冲突,在某种程度上来讲可以说具备一致性而非排他性,且是按照一定的规则结成的合作关系。当集团亏损时,内部投资者的损失最大(因其占有大部分股份),从这一点来看,内部投资者应有更强的激励,自觉将公司经营好。

最后,投融资双方对于剩余收益的分配通常是按事先谈判好的规则进行的,二者的利益关系更多地表现为共同创造更多的价值,这一目标给予融资者以极大的激励,使其具备充分的积极性去经营集团,使之获取更大的利润。① 出版传媒上市企业的经营管理者较一般性质企业的职业经理人,拥有更高的声誉维系的心理预期,这使其甘冒道德风险而为自身牟取利益的心理门槛也比其他企业高出许多,从而导致道德风险的发生概率也相对较低。

作为一种理想的情境,罗宾·斯泰英(Rubbin Stein)与伦德纳(Randner R)曾提出过"隐形激励机制",认为"时间"可以解决激励问题,即在长期时段内,由于代理人市场的竞争,代理人为了维持自身的声誉,即使没有外在的激励机制也会约束自身的行为。从制度设计的角度来看,完善的法人治理架构不仅可以比较有效地规避"内部人控制""委托—代理"问题和道德风险等一系列市场败德行为所带来的风险,还可以促使企业妥善配置剩余控制权和剩余索取权,实现市场效益的帕累托最优,从而为出版企业的持续健康经营奠定良好的制度基石。

资金周转失灵引发的财务风险

对于当前的出版上市企业来说,资金周转失灵引发的财务风险一方面体现在经营性资金的运转失灵,另一方面体现在投融资环节的财务风险。从出版上市公司的日常经营情况来看,由于出版发行渠道的分散性及出版物销售的长周期性,目前大多数的出版上市企业仍然沿袭了先前出版集团旗下各分社的痼疾:应收账款数额居高不下,前清后欠,呆账死账等现象普遍存在。创办于1995年的席殊书屋当初为了上市,通过特许经营的方式以超常规的速度扩展业务,但由于发展势头过猛,大大超出了总部的资金承受能力,致使2004年公司出现严重的财务危机,随后出现资金链断裂,直接导致席殊书屋被外资收购。

作为上市后的公众企业,出版主营业务环节资金链的断裂情形目前还极为少见,更具有财务风险的应当是投融资环节的资本运作。目前我国出

---

① 陈蕾:《风险资本投资中国传媒产业决策研究》,同济大学2006年博士学位论文。

版产业的资本运作主要是通过项目投资来完成的,在项目运作过程中有可能遭遇各种形式的财务风险。出于对投资人利益的有效保障,需要通过强化对出版企业投融资项目的资金管理及财务风险防范予以化解。

表28　企业生命周期不同阶段的现金流特征

	成长期		成熟期			衰退期		
经营现金流	+	+	−	+	−	−	−	+
投资现金流	−	−	−	+	+	−	+	+
筹资现金流	+	−	+	+	+	+	−	−

　　企业所处的生命周期阶段不同,其生产、投资以及筹资活动的现金流特征也有所不同(如表28所示)。处于成长期的企业,产品销售收入逐步增长,企业规模快速扩张。企业经营活动的现金流量表现为较小的正数,投资活动的现金净流量表现为较大的负值,而且往往大于经营活动产生的现金流量,需要通过筹资活动引入的现金流量予以补充。处于成熟期的企业,经营现金净流入较为稳定且充足,对于资本的需求相对较小,对内投资逐渐萎缩。伴随着大量的经营现金净流入和投资活动现金流量的流入,公司的现金流量极其充沛,筹资活动产生的现金流量常常表现为大量流出。处于衰退期的企业,经营活动现金流量较成熟期大大减少,对于寻求战略转移的企业来说,投资活动的现金流可能会是较小的正数,对于等待重组或被接管的企业来讲,其投资活动的现金流可能表现为负值。[①] 根据迪克森(Dickson)的五阶段划分法,通过现金流组合法将企业的生命周期分为五个阶段,即初创期、成长期、成熟期、动荡期和衰退期。其中,动荡期是指在激烈的市场竞争中,企业的优势逐渐下降,此时的企业已无法通过结构调整或是市场扩张来支撑其发展,而只能选择处理一些资产来支持新项目,进而再次获利。

---

① 王艳茹:《企业不同生命周期的现金流特征研究》,《会计之友(下旬刊)》2010年第6期。

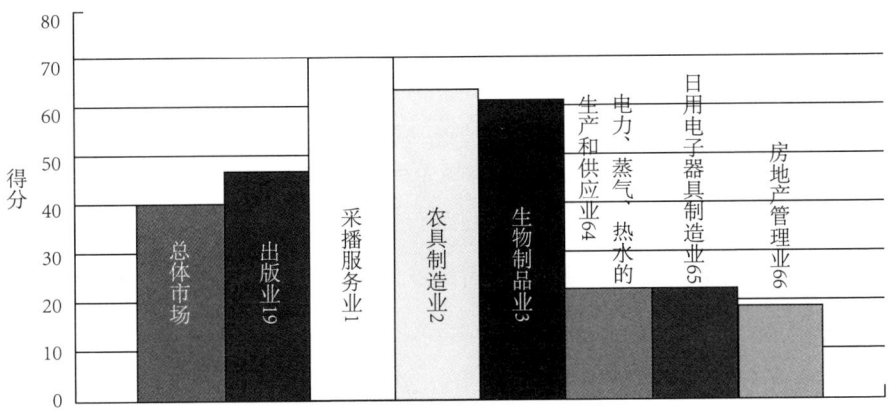

图6　2011年前3季出版业与其他行业财务风险评价得分比较图

综上分析判断,目前大多数出版上市企业处在成熟期,其符合"经营现金净流入较为稳定且充足,对于资本的需求相对较小,对内投资逐渐萎缩"的阶段特征描述。有学者曾对出版业的财务风险与其他行业做过对比,研究结论如图6所示。其中,出版业财务风险评价得分46.94,超过了总体市场平均水平40.68分,在被考察的66个标准二级行业中位居第19位,表现出较为合理的财务结构和较强的偿债能力。[①] 就整体股市而言,出版业与其他行业相比,财务风险评价处于相对领先的地位,成长能力状况也堪称理想,但盈利能力和经营效率却远落后于其他行业,具有很大的进步空间。

宏观经济形势衰退导致的金融危机

在全球金融危机的冲击下,全球股市、汇市、债市的联动性和风险传递性增强,呈现出高度的共振性。银行系统加强信用考核,缩紧放贷,引发西方出版业的融资困难,使资金依赖度较高的出版生产环节受到极大影响,一些出版企业出现资金短缺、融资困难、项目资金运转不

[①] 黄霄旭:《出版上市公司"数字化"透视——我国出版上市公司经营绩效分析与考察报告》,《出版广角》2012年第5期。

畅、投资减少的情形。为应对金融危机,西方出版业调整经营战略,把适度收缩作为主要方向。在经营压力之下,出版企业之间的相互整合和并购现象逐步增加。从 2007 年 12 月 31 日至 2008 年 6 月 30 日的半年中,出版商周刊股指(Publishers Weekly Stock Index)整体下滑 17 个百分点。据 U.S. Census Bureau 的调查数据,金融危机发生以后,美国三大实体连锁书店的股票均出现不同程度的亏损。从 2008 年 10 月 31 日至 11 月 28 日,巴诺书店的股指下跌 16.4%,鲍德斯书店的股指下跌 68.4%,百万书店的股指下跌 30.5%。2007 年 12 月 31 日,亚马逊的股票在纳斯达克股票市场的每股价格为 92.64 美元,到 2008 年 10 月 23 日已经跌至 49.99 美元,跌幅为 46%。[①]

受金融危机的波及,银行对制造业的投资趋于慎重,在业务萎缩、利润下滑的同时,银行不得不积极转型,寻找新的增长点。银行业务正在从传统制造工业向第三产业服务业转型,从重资产门类向轻资行业转型。创意性强、高增长、能持续增长的出版传媒产业给金融机构带来了新的盈利空间和市场机会。我国出版企业的资产负债率普遍较低,对银行贷款的依赖程度不高,金融危机的传导机制所发挥的作用有限。以上因素使我国出版企业可以率先实现恢复性增长。[②] 目前,内需仍然是我国出版业的主要需求,市场需求决定了出版企业与其他外向型经济体和制造业相比,受金融危机的影响程度相对较轻。

尽管我国出版传媒业现行的"有限开放"管理体制为该行业提供了温室环境,但在全球一体化的背景下,其很难独善其身,在一定程度上也遭遇了市场萎缩、销量下滑、融资困难、资金链紧张、裁员节流等尴尬处境。据《2008 年全国新闻出版业基本情况》发布的数据,2008 年中国出版物出口量减少超过五分之一,出版物发行网点同比减少 3.59%。与此

---

① 彭海文、代杨:《金融危机背景下的中国出版"走出去"》,《出版科学》2009 年第 4 期。
② 姚永春:《后金融危机时代我国出版业国际化模式的重塑》,《出版科学》2010 年第 2 期。

同时,2008年全国新华书店系统、出版社自办发行单位销售出版物总额分别为166.43亿册(张份盒)、1 456.39亿元,与2007年相比数量增长了3.25%,金额增长了6.56%。综观全年数据可以看出,尽管身处金融危机风暴当中,2008年中国的图书出版仍然保持了较快增长态势,总用纸量和图书定价总金额保持了较快增长,总销售金额增长6.56%,净销售金额增长5.3%。总体上看,金融危机对整个出版行业的生产能力和销售能力负面效应并不显著。2008年全年的增长既是因为金融危机对出版行业发生作用存在滞后性,也缘于国家宏观政策层面的支持。2008年中央财政划拨6亿元人民币,加上地方政府的投入,共投入资金20多亿元人民币,用于支持"农家书屋工程建设",这对全年的出版行业发展而言都是有利的政策促进因素。[①]

在中国出版市场,由纸价大幅上涨、CPI指标居高和国家宏观调控措施偏紧造成的压力,图书销售市场也体现出紧缩之势。开卷监测数据显示,全国图书销量在2008年的12个月里,有4个月同比下降,集中表现在国际金融危机全面爆发后的10月、11月、12月,期间连续出现了一定幅度的负增长。新华书店统计数据则显示,虽然全年图书销量为正增长,但增速明显放缓。2008年第一季度的增速是20.6%,但到第四季度已经减慢为11.5%。其中12月份跌落到8.9%,这样低于10%的增速此前已是多年未遇。金融危机所导致的资金紧张使得出版产业资金链条紧张,回款困难,一些原本有上市计划的出版企业纷纷放缓了扩张速度;由于人们的收入预期和购买力的下降,导致了出版物销售网点经营困难,网点减少,又使得出版物销售面临更大的压力。[②]

---

① 贺耀敏:《金融危机背景下的中国出版产业分析》,《中国出版》2010年第5期。
② 谢新洲:《出版业应对金融危机的几点建议》,《北京联合大学学报(人文社会科学版)》2009年第4期。

表29 全国零售市场整体图书市场同比增长情况[①]

时间	2006年1~6月	2006年7~12月	2007年1~6月	2007年7~12月	2008年1~6月	2008年7~12月	2009年1~6月
增长率(%)	9.21	11.30	14.23	9.03	6.26	2.85	5.43

金融危机在国际资本市场的扩散使得许多西方出版公司的资产严重缩水、流动性严重不足,迫不得已出售资产以缩小规模,导致资产价格下跌,市值低估。尽管国际出版市场低廉的资产价格为我国出版业海外并购提供了良好契机,降低了我国出版业国际化的成本,但此时国际出版市场的各种合并、收购、兼并行为几乎全部偃旗息鼓。出版业的融资上市风潮因此遭到很大程度的抑制。国内出版发行企业原计划2008年上市13家,然而到了2008年年底,只有安徽出版集团一家成功借壳上市。湖南出版集团、江西出版集团、江苏凤凰出版传媒集团等的上市计划集体搁浅。[②] 于2007年上市的四川新华文轩连锁股份有限公司,其股价在2008年3月已跌破每股净现金和每股净资产,同时在香港证券市场持续走低,这在一定程度上挫伤了投资者的信心,给下一步增资扩股带来一定困难。

学者翁昌寿曾以国内4家出版类上市公司(出版传媒、时代出版、新华传媒、新华文轩)作为研究对象,对其2008年年报和2009年一季报进行了分析。研究表明:2008年4家公司营业收入和净利润均平稳增长,增幅比沪深两市上市公司的平均水平略高,显示出出版传媒板块抗金融危机的能力。2007年年底IPO上市的出版传媒实现主营业务收入同比增长15.16%,净利润同比增长10.31%。在全球金融危机中逆行上市的时代出版,由于2008年9月才完成借壳上市,缺乏往年同期数据作为参照,但从主营业务收入、净利润等指标来看,都优于出版传媒。新华传媒营业收入同比增长67.98%,净利润同比增长62.97%。新华文轩公司销

[①] 开卷公司"全国图书零售市场监测系统"数据。
[②] 谢新洲:《出版业应对金融危机的几点建议》,《北京联合大学学报(人文社会科学版)》2009年第4期。

售收入同比增长18.5%,净利润(扣除非经营性因素后)同比增长16%。这一研究从经营利润指标层面佐证了金融危机对华文出版影响甚微的论断。① 相比之下,2008年沪深两市1624家上市公司全年完成营业收入总额113237.03亿元,同比增长16.63%。实现归属于母公司净利润总额8209.14亿元,同比下降16.88%。以此为参照,4家出版上市公司的营业收入增幅都达到或者接近上市公司的平均水平。② 在忽略了金融危机影响的滞后效应的同时,以上财务报告数据证明了出版上市公司的运营具有某种反经济周期性。

二 规避方式

完善出版产业的投融资体制

我国出版产业投融资体制改革是伴随着改革开放的不断展开而不断推进的,这一过程大体可分为三个阶段:改革的初试阶段、改革的探索阶段和改革的全面推进阶段。

一是出版产业投融资体制改革的初试阶段(1978-1991年)。改革开放前,我国在出版领域一直采取的是单一的事业型管理模式,因此出版投融资体制在这一时期一直保持高度集中的国有资本控制的格局。在这种体制下,出版传媒单位的主要经济来源是国家财政的直接拨款或间接的政府补贴,而这种资本格局在改革开放的进程中逐步得到了改善。这一时期,国家对文化的管理融入了市场化的因素,社会资本参与我国文化经济建设的局面初步形成。

二是出版产业投融资体制改革的探索阶段(1992-2001年)。这一时

---

① 朱尉:《从金融危机下华文出版与报业的不同反映看出版的传播属性》,《编辑之友》2010年第1期。
② 翁昌寿:《金融危机下的出版产业发展及瓶颈——解读国内上市公司2008年报及2009季报》,《国际新闻界》2009年第6期。

期随着我国市场经济体制的逐步确立,相继出台了多部与出版产业投融资改革相关的政策文件,对拓宽我国出版产业融资渠道,逐步形成与社会主义市场经济要求相适应的筹资机制具有十分重要的意义。随着国家对出版体制改革推进的日益深入,我国发展出版产业的思路也越来越清晰,出版产业投融资的机制和体制创新也出现了难得的机遇。我国出版体制改革的任务是,在保留和完善国家公共文化与意识形态职能的前提下,把可经营性国有资产进行剥离,使之按照现代企业制度转型为自负盈亏的市场主体,这为我国出版产业建设的全面展开打下了重要基础。

三是出版产业投融资体制改革的全面推进阶段(2002年至今)。这一时期,"十六大"明确提出"积极发展文化事业和文化产业"的方针,从而为我国的出版体制改革提供了依据和基本框架。在出版体制改革实践进程中,出版产业的投融资也随之有了进一步的发展和突破,社会资本与外资在出版产业发展中的比重和作用越来越显著。近年来,国家陆续出台了多项与出版产业投融资相关的政策措施,社会资本与外资进入出版产业的方向日益明确,渠道也越来越通畅,非公有资本已经成为我国出版产业发展和壮大的一支重要力量。2005年出台的有关非公资本进入出版产业领域的系列文件,是在我国出版产业实践过程中对于文化产业投融资探索的又一次总结和概括,标志着我国文化产业投融资体制的日益成熟。这一时期,出版市场投融资门槛也在逐渐降低,并呈现出全民参与的特点。[①] 2009年以来,我国的出版产业投融资政策进一步向纵深方向发展,特别是《关于金融支持文化产业振兴和发展繁荣的指导意见》,针对目前我国文化企业的诸多融资问题,提出了基本的解决对策,这对于发挥多层次金融市场资源,促成文化产业与金融资本有效对接,解决文化企业融资困境具有重要的战略意义。

---

① 辛阳:《中美文化产业投融资比较研究》,吉林大学2013年博士学位论文。

随着文化体制改革的不断深入和资本市场相关扶持政策的出台,出版传媒产业将逐步成为具有较高投资回报前景的产业,逐渐获得资本市场的青睐和追捧。当前,我国出版体制改革已进入深水区,以实现出版产业与资本市场对接为核心的出版投融资体制创新,构建投融资主体、投融资渠道、投融资方式三位一体的科学投融资体制,将有望成为我国出版体制改革的突破口。深化投融资体制改革,支持符合条件的出版发行企业,通过上市融资或其他方式跨行业融资,培养我国出版传媒行业的战略投资者,整体提高出版传媒业的跨国竞争能力,更好地维护国家文化安全。[1] 针对出版产业投融资政策的波动风险,应遵循以下几点准则:①坚持正确的出版方向和导向。②确保国有资本的相对领先地位。出版企业在进行战略投资尤其是实行股份制改造或者合作时,有必要确保国有资本的相对领先地位,明确国有资本、民营资本和外国资本的股权比例。③不断增强对政策变迁的预见性。

加强信息披露与投资者关系管理

信息披露制度是上市公司为保障投资者利益并接受社会公众的监督,依照法律规定必须将其自身的财务变化、经营状况等信息和资料向证券管理部门和证券交易所报告,并向社会公开或公告,以便使投资者充分了解情况的制度。信息披露制度既包括发行前的披露,也包括上市后的持续信息公开,主要由招股说明书制度、定期报告制度和临时报告制度组成。信息论的奠基人申农曾指出"信息披露能够通过制度化的信任节约社会交易成本"。在不完全市场、不完全竞争信息条件下,对信息披露的需求源于管理者和外部投资者之间的代理冲突和信息不对称问题。资本市场中的信息披露可以节约上市公司与投资者的交易成本,抑制信息披露者的逆向选择和道德风险。在一个起伏不定的环境中,短期的利好消

---

[1] 焦清超:《出版传媒投融资水到渠成》,《中国新闻出版报》2008年7月10日。

息可能会造成股价的一时上扬,而持续和一致的信息披露才是建立和维护良好的投资者关系的基础。①

与信息披露制度密切相关的一个概念是"投资者关系管理"。其中,投资者关系(IR)是指上市公司(包括拟上市公司)与公司的股权、债权投资人或潜在投资者之间的关系,同样也包括在与投资者沟通过程中,上市公司与资本市场各类中介机构之间的关系。

IRM(Investor Relations Management)即"投资者关系管理",是指运用财经传播和营销原理,通过管理公司同财经界和其他各界进行信息沟通的内容和渠道,以实现相关利益者价值最大化,获得投资者的广泛认同,规范资本市场运作,实现外部对公司经营约束的激励机制,实现股东价值最大化和保护投资者利益。目前,对于我国的资本市场来说,"投资者关系管理"这一概念还略显陌生,虽然其在国外成熟资本市场上已有三十多年的历史。对投资性资本的竞逐,是IRM产生的直接原因。从更深层次上讲,除了内生于投资品种相对过剩的资本市场结构外,IRM的产生、发展还与"股东至上主义"公司治理理念的风行相关。② 近年来,投资者关系管理正成为上市公司治理的重要组成部分。产业实践证明,那些业绩较好、股价较高的公司,通常也是在自觉不自觉③中较为注重投资者关系管理的公司。

具体到出版上市公司的投资者关系管理,大致包括以下几个方面的内容:

分析研究:对投资者和潜在投资者数目、资金量、投资偏好等进行统计分析,研究证券公司、机构投资者分析员的需求;追踪出版管理部门的

---

① 马连福、沈小秀:《将信息披露上升到战略导向的投资者关系管理》,《资本市场》2011年第7期。
② 卢伟伟:《投资者关系管理对企业价值的影响研究》,山东大学2008年硕士学位论文。
③ 自觉行为是指公众公司证券产品和社会形象在资本市场上的一项主动性和持续性的营销工作。

最新监管动态,协助公司管理层从容地应对监管条例的变化[1];参与制定公司的发展战略。

信息沟通:按照监管机构的要求及时准确地进行指定信息和重大事件的披露;整合出投资界所需要的投资信息并予以发布;回应分析师、投资者和媒体的相关咨询;举办分析师、投资者和媒体共同参加的大型推介活动;收集公司现有和潜在投资者的相关信息,将投资界对公司的评价和期望及时传递给公司决策层等。

公共关系:在发生涉讼、监管机构针对本公司的处理、重大重组并购、关键人员的变动、盈利大幅波动、传言甚至谣言、股票交易异动、自然灾害等危机时,迅速提出有效的处理方案;强化媒介关系管理,与分析员、财经媒体、政府主管部门建立良好的公共关系;学会用资本市场的语言说话,完善新闻发言人制度,提高危机的处理能力[2],传播公司核心价值,树立在资本市场中的形象。

"投资者关系管理"属于上市公司战略管理的范畴,涉及金融、大众传播、市场营销等专业,旨在通过信息披露与交流,促进上市公司与投资者之间的良性关系,倡导理性投资,实现公司价值最大化和股东利益最大化。[3] 投资者关系管理理念在出版领域的推广和应用,有助于出版资本市场及出版上市公司的健康发展;有利于出版上市公司证券公允价值的体现、无形资产价值的提升;有利于增强投资者对公司的认同感、信心值和忠诚度;有利于公司保持持续的再融资能力、抗风险能力;有利于实现管理投资者预期,防止和降低负面分析,最低限度地消除谣言对公司产生的不良影响,减少股价异常波动,维护股东利益。

投资者关系管理作为主动的市场沟通行为和补充性的信息披露渠

---

[1] 张欣亮:《中国上市公司投资者关系管理浅析》,《中国建筑金属结构》2003 第 10 期。
[2] 詹亮明:《上市公司投资者关系管理研究》,武汉大学 2004 年硕士学位论文。
[3] 顾文军:《我国上市公司投资者关系管理:制约因素与改善途径》,《商业研究》2004 年第 9 期。

道,与资本市场所要求的强制性信息披露不同,公司能够借此展示更多非敏感性的、中长期的信息,包括财务性指标和非财务性指标,力图将真实的公司面貌展现在投资者面前。2005年7月,证监会在其发布的《上市公司与投资者关系工作指引》中提出了投资者关系工作的六个基本原则:充分披露信息原则、合规披露信息原则、投资者机会均等原则、诚实守信原则、高效低耗原则和互动沟通原则。上市企业及投资者都将越来越关注公司的非财务性指标。作为无形资产的重要组成部分,投资者关系对提升公司市场价值,降低企业融资成本越发显示出不可替代的优势。资本市场正逐渐步入非财务指标与财务指标并重的理性投资时代。成功的投资者关系管理,不仅有助于上市公司获取合理的市场估值,建立广泛的股东基础,实现有效的公司治理,而且也为降低未来潜在的融资成本树立了良好的资本市场形象。

强化柔性财务管理观念

1.关于柔性财务管理

关于企业柔性的研究,最早源于20世纪30年代研究经济周期的震荡对于企业的影响。企业柔性的存在是以"变化"为条件的。"变化"既可能来自企业内部,也可能来自企业外部。企业生存环境和决策活动本身的不确定性、资本市场的不完善性,是企业柔性得以存在的前提条件。财务柔性作为企业调动现有财务资源或者获取新的财务资源,以预防或利用内外环境不确定性的能力,是一种对内外环境变化的积极应对能力。这种能力的获取与保持,是有关财务柔性理论研究与实践运用的一个关键所在。学者葛家澍和占美松(2008)认为,财务柔性是指企业及时采取行动来改变其现金流入的金额、时间分布,使企业能够应对意外现金需求并把握意外有利投资机遇的能力。他们认为财务柔性基本上来自:①在短期内增发新股票或者发行债券;②向银行或其他金融机构及时贷到急需的资金;③在不损害持续经营的前提下,销售一切可能销售的资产;④改变可扩大销售、迅速增加现金流入的经营策略(如适当减价出售某些市场急需产品,通过薄利多销筹集现金)。

考虑财务柔性价值之后,企业财务管理的目标由追求传统企业价值最大化,转为追求传统企业价值与财务柔性价值之和的最大化。对于成熟且能产生自由现金流量的企业而言,事前的最优财务政策应该是保持低财务杠杆、持续可观的权益支付和有限的现金余额。财务柔性强的企业能够方便地进入资本市场,以满足未来出乎意料的盈余下滑或有利可图的投资机遇出现时所引发的资金需求。财务柔性水平高的企业投资支出较少依赖其内部现金流量,而财务柔性水平低的企业的投资活动更多地受制于内部现金流的可获得性。财务柔性储备能够有效地缓解融资约束对企业投资活动的影响,因而面临融资约束的企业应在将财务资源完全用于当前投资与将其柔性储备用于未来投资机会之间进行权衡,在储备合理现金余额的同时,保留从债务和权益市场上获取资金的能力,以满足未来非预期盈余衰退或新的投资机会所引发的资金需求。

柔性财务管理是近年来财务管理科学的一个新领域。其中,有关财务柔性与企业融资行为的研究主要集中在企业资本结构方面。根据莫迪格利安尼(Modigliani)和米勒(Miller)早年的 MM 定理,在完善的资本市场中,公司的投资决策和资本结构无关,即内源融资和外部资金是可以相互替代的,企业可以为其一切有利可图的投资项目筹集到所需资金。因而在资本市场完善的情况下,即便存在高度不确定性,企业总能以合理的价格从资本市场上获得所需资金。近年来,主流资本结构理论——优序融资理论和权衡理论频频遇到实证证据的挑战,给财务柔性理论的发展提供了广阔的空间。

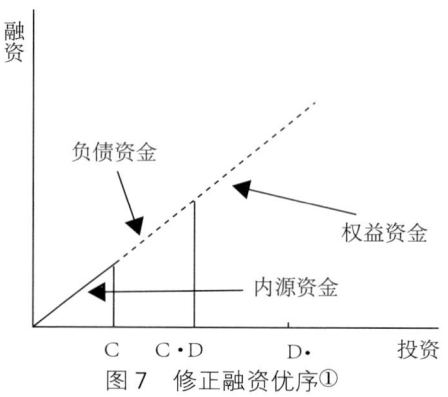

图 7　修正融资优序①

财务柔性理论的加入修正了先前的融资优序理论。分析图 7 发现,考虑到未来环境的不确定性,企业以预留一定的内源资金和负债融资能力的方式增强其财务柔性,使得企业可用于当前投资项目的内源资金由 C·下降到 C,负债融资能力由 D·下降到 D。至于 C 和 D 值的确定,则由企业在预留财务资源所需承担的成本与储备柔性所获得的期权价值之间进行权衡。但不管怎样,C 和 D 的值都会小于没有考虑财务柔性时的 C·和 D·的值。也就是说,在同等条件下,考虑财务柔性之后,企业更容易使用外源资金,也更容易使用外源资金中的权益资金。这就是实证中经常观测到的企业并不会在使用外部资金之前悉数耗尽内源资金,如果投资支出高于 C 但低于 D,企业可能会直接全部使用外部负债资金满足其投资需求;而当投资支出高于 D 时,则完全使用权益资金。

考虑财务柔性之后的修正融资优序理论,能够对权益融资为什么普遍存在问题,企业为什么不在使用负债资金之前全部耗尽其内部资金的问题,或者在权益融资之前尚保留可观的负债融资能力的问题,作出更为合理可信的解释与预测。综上可知,在考虑财务柔性之后,无论是修正后的权衡理论还是融资优序理论,都能更好地对现实中的财务现象作出更

---

① Learya 和 Robe 研究中所使用的修正融资优序图。

为科学、可信的解释。①

2.出版企业如何运用财务柔性理论

关于出版企业如何运用财务柔性理论构建科学合理的财务管理机制,笔者将通过如何解决回款难的案例加以分析。目前,许多出版企业的回款任务,基本上是由发行部和财务部两个部门承担。但这种计划经济体制沿袭下来的企业管理模式,由于缺乏信息沟通和职责衔接,最终造成没有人真正对回款管理承担责任,容易形成管理真空。发行部为了实现自身的管理目标,看重机会而忽视风险,缺乏对客户资信情况的评估。业务人员从客户那里带来的信息都是零散的、表面的,甚至含有虚假的成分。在年终绩效考核机制的激励下,业务人员通常会尽量签单,但其现金流意识淡薄,且缺乏现代收账技巧,因此,如果业务人员承接业务、催收回款一肩挑,则容易出现承接额、呆坏账损失"齐头并进"的现象。②

出版企业的财务部受其职能的限制,难以承担回款管理和监控的重任。回款实际上牵涉客户开发、订单处理、合同审定、账款回收、债权管理、信用风险跟踪的全过程。如果由财务部门控制信用订单和收账,由于其不可能了解客户情况和交易背景,无法形成科学、有效的评估和管理,要么会因控制过严而导致承接的业务量下降,要么会失去控制从而导致拖欠行为持续发生。较为理想的财务管理机制架构在独立的信用管理部门,有利于信用管理的各项职责在信用、经营、财务、采购等业务部门之间重新进行合理的分工,形成科学的风险制约、防范机制。通过事前控制、实时控制和事后控制,建立客户信用档案,对客户进行信用额度的确认、

---

① 曾爱民:《财务柔性与企业投融资行为研究》,中国财政经济出版社 2011 年版。
② 赵泽绒:《"回款不足"与"经营短路"——财务视角下的印刷企业回款管理和监控》,《山西财经大学学报》2008 年第 1 期。

信用政策的制定①以及资信走向的监控;通过引进 CRM 客户关系管理系统等类似的技术平台,对账款进行风险分类管理和账龄分析,一直到账款的收回,实行全流程的综合管理和监控;通过创新回款管理机制,搭建以强化企业财务柔性为目的的信用管理部门,通过统一行使信息沟通和职责衔接等职能,为回款的有效管理提供可靠的组织保障。

挺拔主业,放大"口红效应"

作为一种经济学现象,"口红效应"是指在经济不景气的情况下,人们仍然有着强烈的消费欲望,但会转而购买比较廉价的商品。口红作为一种"廉价的非必要之物",可以对消费者起到一种"安慰"的作用。②

从稀缺经济学的观点来看,传媒产品本身并不是必需品,而属于选购品。其最具价值的地方在于它所带来的"注意力经济"。然而,在全球金融危机波及各行各业的情况下,传媒业同样难以独善其身。据 CTR 调查,报纸广告的资源主要来自房地产、零售、汽车、通信、金融、食品等行业,其中前 3 个行业的集中度高达 63%～65%,上述 6 个行业的集中度则达到了 80%。在这种情况下,金融危机势必导致广告支出及印刷媒体销量的急剧下滑。然而,图书本身并不属于典型的大众传播媒介。图书内容的深加工特性决定了其生产周期和生命周期都很长,即图书的传播不可能是迅速的;加之图书内容的专业性,导致其受众多元且分散。③ 因此有学者认为,相对于电影、电视等,图书在娱乐性、社会性等方面的"口红效应"特性并不是特别明显。

20 世纪 30 年代的经济危机恰逢好莱坞的辉煌时期。兰登书屋的创

---

① 赵泽绒:《"回款不足"与"经营短路"——财务视角下的印刷企业回款管理和监控》,《山西财经大学学报》2008 年第 1 期。
② 张昕、黄姗姗:《"口红效应"让出版业"逆风飞扬"》,《出版广角》2009 年第 1 期。
③ 朱尉:《从金融危机下华文出版与报业的不同反映看出版的传播属性》,《编辑之友》2010 第 1 期。

始人贝内特·瑟夫在其回忆录中谈到：当时美国的出版业受1929年股市大崩盘的影响，限量精装书市场随着股市的崩盘而一落千丈，然而兰登书屋却凭借低价的"现代文库"平装丛书获得了较理想的业绩。他总结道："出版业一向比较稳定。即使在经济过热时期，当有钱人在旅游、夜总会、高档戏院之类的娱乐方面大把挥霍的时候，书业也不会骤热。无论如何，爱书的人一般不会沉溺于无节制的投机。同理，所有行业全线崩溃时，书籍又成为一种最便宜的娱乐方式。"据统计，20世纪70年代以来，美国出现了经济滞胀：1973—1975年，西方国家发生了世界性经济危机；接着1979—1982年，又发生了更严重的世界性经济危机，1979年7月，从英国开始，随即波及美国。然而，从1975年到1987年，美国消费者对大众媒介的消费支出占消费总支出的比重从2.15%上升到3.69%，大约增加了70%。[1]

2008年金融危机对我国新闻出版业最直接的影响表现在出版物的进出口和版权贸易方面。金融危机前后，我国的进口图书增长率有升有降，2007年出现大幅度上升，2008年却出现了大幅度下降，出口增长率连续3年下滑；版权贸易方面则一改近些年逆差逐步缩小的趋势，版权逆差扩大，版权引进大幅度增长，表明对国外选题的依赖性加强，而版权输出的减少则表明对国外市场需求的了解有待加强，"走出去"战略任重道远。2009年在国际金融危机冲击持续加深的背景下，我国新闻出版产业呈现逆势增长的良好态势。全国新闻出版业总产值增长约20%，突破万亿元大关。值得一提的是，新媒体在金融危机中表现出极强的抗风险能力。在金融危机最严峻的2008年下半年，国内几大网络媒体不仅没有受到影响，反而逆势而上，表现出高速增长的态势，不仅同比增长率大幅度上升，而且环比增长率也很高。由此可见，数字出版产品也有成为"口

---

[1] 张昕、黄姗姗：《"口红效应"让出版业"逆风飞扬"》，《出版广角》2009年第1期。

红"的可能。① 由于数字出版产品可以方便地对出版资源进行拆分和搭配,所以能够轻松地生产出样式各异且价位相对低廉的产品。

关于如何应对金融危机对出版企业的冲击,有以下两点政策建议:

一是建立市场风险预警机制,密切关注国内外宏观经济运行态势。对已经实现多元化发展的出版上市企业来说,金融危机的影响比单一的以图书出版为主的机构要大。在全球经济危机的形势下,辅业的冲击甚至可能比主业大得多,因此应采取压缩辅业投资,适度扩大图书主业规模的方式,采取挺拔主业以激发企业的"口红效应"。②

资本市场的超前开放是发生金融危机的原因之一,保证健康的"国家资本结构"则是金融稳定的重要条件。对金融业应在时间和风险两个维度上进行资源的优化配置。金融创新和风险管理作为金融发展的核心,金融开放与市场发展必须协调进行。市场发展一方面可以增强金融系统转移和消化吸收金融风险的能力,另一方面也可以增强资产的流动性,这也是防范金融危机的一项根本措施。③ 事实上,目前关于"防范和化解金融风险"的提法不够准确,因为风险是消灭不掉的。相对科学的提法应该是管理和控制风险,防范和化解金融危机。我国现在面临的一个很大的问题是怎样防范金融危机。长远考虑在于市场的完善和发展,使生产要素充分地流动起来。因此,解决我国出版资本市场不良资产问题,其根本在于发展市场。

二是扩大出版产业的内需,通过开展全民阅读活动、开发农村市场等路径,实现出版主业的"挺拔"。扩大内需既是应对金融危机的战略举措,也是出版业可持续发展的要义所在。我国有13.7亿人口,其中一半的人口在农村,广大农民的阅读条件尚不够完善。为切实改善广大农民

---

① 张昕、黄姗姗:《"口红效应"让出版业"逆风飞扬"》,《出版广角》2009年第1期。
② 聂震宁、汪继祥等:《面对金融危机业界热议影响与对策》,《中国图书商报》2009年3月20日。
③ 宋逢明于2004年第四届"中国金融论坛"上的与会发言。

的读书条件,2008年中央财政拿出6亿多元人民币,加上地方政府的投入,共投入20多亿元人民币的资金,用于支持"农家书屋工程"建设,计划用10年左右的时间,在全国64万个自然村中,每个村都建设一个农家书屋。[1] 截至2009年6月底,全国已建成农家书屋9.2万家。

三 小结

本章对出版上市企业投融资进程中的潜在风险予以剖析,指出资本市场的政策波动与出版产业自身的政策规制共同导致了出版金融市场的政策波动,出版企业应完善出版产业的投融资体制,形成制度性规约;基于出版上市企业与其母公司之间难以割裂的关联交易所引发的潜在道德风险,为了尽可能地消除资本市场投资者的疑虑,出版企业应在强制性的信息披露之外,强化投资者关系管理工作;资金周转失灵引发的财务风险作为出版上市企业运营过程中最为棘手的问题,出版企业应当因行业制宜地选取科学的财务管理方案,通过增强企业的财务柔性,更好地把握企业发展中的投融资机遇;至于宏观经济形势衰退有可能引致的金融危机,出版企业应当保持行业自信,通过扩大内需、挺拔主业的方式放大经济危机中的"口红效应",以开发出版物品种、优化出版结构的方式实现书籍的"精神按摩"功能。

---

[1] 邬书林:《积极应对金融危机 努力加快出版发展》,《中国出版》2009年第10期。

结　语

本书选取中国大陆八家出版上市企业作为研究对象,通过对其发展历程、特征及投融资行为的具体分析,得出以下几点主要结论：

相较于其他行业,出版业的双重属性导致其实施转企改制的时点较晚,这对那些急于涉足资本市场的出版企业来说,意味着在刚刚经历了改制阵痛后,又要承接股份制改造的压力。出版上市企业在此期间所凸显的运行机制不畅、资源配置掣肘、激励机制不完善、资本运作力度欠缺、"只能生不能死"的局面,以及种种于资本市场不相适的表征,可以说是出版行业所特有的瓶颈。

省域出版资本市场的活力与该地区宏观经济的发展呈弱相关性。这种弱相关性恰恰也是出版资本市场健康化、常态化的表征。我国出版资源的省域分布现象明显,这种平均化的思维并不利于出版业的可持续发展。上市之后的出版企业在成为公众企业后,一方面逐渐淡化了地域的"标签",在某些方面摆脱了区域壁垒的束缚;另一方面也实现了全国范围内的资本募集,打破了区域资本市场的瓶颈,能够充分地运筹出版资源,让更优质的资本流向更具发展潜力的出版企业集团。此外,省域资本市场的活跃度与该地区出版企业上市的积极程度也并无显著的关联。这种现象可解释为出版产业具备着特殊的发展逻辑,受产业政策的调整及企业发展战略的影响较为显著,与资本市场中一般性行业的上市企业发展逻辑并不完全一致。

出版单位在转企改制与股份制改造过程中所存留的一系列历史问题,间接影响到后续出版上市企业的投融资实践。由政府主导、扶持所形成的上市公司,绝大多数是由国有企业改制而来的。为了保证公有制的主导地位,国有企业在改制上市过程中往往采用国家控股的股权模式。这种一股独大现象所引发的委托代理机制的运行不畅,具体表现为上市公司法人主体的过度投资、投资不足或频繁变更募集资金投向等行为,容易导致投资效率低下,持续发展受到制约等问题。

当前,由于缺乏必要的人才及经验基础,出版传媒上市公司的离散投资业务往往惨淡经营,牵扯了出版传媒上市公司的精力和财力,不利于出版主业的发展。出版企业的多元化投资应围绕主业进行相关的多元化经营。

目前,出版产业已初步形成了财政投入、金融机构贷款、资本市场上市融资以及风险投资等多元化的融资方式。出版传媒上市公司普遍呈现出的低资产负债率的现象,表明其财务杠杆经营能力较弱。经过近几年的发展,出版传媒上市公司的融资能力仍然非常有限,股权融资仍是其目前首选的融资渠道。从融资实践来看,出版上市公司正在探索银行信贷、债券融资、票据发行等多种手段并驱的融资组合模式。事实上,每一种融资手段都各有其特点和规律,并无优劣高下之分。出版上市企业应致力于拓宽融资渠道、降低融资成本、提高融资比例、改善融资结构,探索符合自身发展规律的融资方式。

近年来,随着出版资本市场相关政策的完善,融资渠道逐渐拓展,投资主体也更加多样化。目前,出版产业投融资体系正在建设之中,但出版产业投融资机制不完善、投融资方式匮乏等,仍旧是阻碍我国出版产业进一步发展的主要问题。我国出版上市公司投融资机制的缺陷表现在规避投资风险的无效性上,诸如投融资信息的不畅通、资金周转失灵、道德风险等问题。上述投融资环节的抗风险疏漏,应通过积极对接资本市场进行高效筹资,促进出版传媒上市公司和投资银行的沟通与合作,加快培育多元化投资主体,推进投融资机制市场化改革以及完善政府政策支持等方式予以化解。

参考文献

(一) 著作类

1. 刘姝威:《上市公司虚假会计报表识别技术》,机械工业出版社2011年版。
2. 蔡翔:《大学出版发展战略研究》,中国传媒大学出版社2008年版。
3. 蔡翔、陆颖:《我们出版的方向——深化出版体制改革问题研究》,中国传媒大学出版社2014年版。
4. 聂震宁:《我们的出版文化观》,中国书籍出版社2008年版。
5. 陈昕:《中国出版产业论稿》,复旦大学出版社2006年版。
6. 郝振省:《2010-2011中国出版业发展报告》,中国书籍出版社2011年版。
7. 刘伯根:《出版集团战略投资论》,新星出版社2011年版。
8. 王建辉:《出版:商务与文化》,中国书籍出版社2010年版。
9. 吴培华:《出版问道十五年》,复旦大学出版社2010年版。
10. 周蔚华:《出版产业研究》,中国人民大学出版社2006年版。
11. 杨大楷:《投融资学》,上海财经大学出版社2006年版。
12. 高德敏:《投资运筹》,中国国际广播出版社2004年版。
13. 张新华:《转型期中国出版业制度分析》,中国传媒大学出版社2010年版。
14. 沈渊:《农业上市公司投融资机制研究》,浙江大学出版社2010年版。
15. 赵子忠:《中国影视投融资的产业透视》,中国传媒大学出版社2006年版。
16. 虞海峡:《中国电影产业投融资机制研究》,经济管理出版社2012年版。
17. 魏鹏举、周正兵:《文化产业投融资》,湖南文艺出版社2008年版。
18. 徐建华:《现代出版资本运营》,中国传媒大学出版社2006年版。

19. 王晓艳:《传媒上市公司财务报告分析》,中国传媒大学出版社 2012 年版。
20. 刘明:《中国传媒上市实践与探索》,中国人民大学出版社 2011 年版。
21. 常永新:《传媒集团公司治理》,中国传媒大学出版社 2006 年版。
22. 唐溯:《裂变时代:中国出版资本发展攻略》,湖南人民出版社 2012 年版。
23. 曾爱民:《财务柔性与企业投融资行为研究》,中国财政经济出版社 2011 年版。
24. 张育军等:《上海证券交易所研究中心研究报告 2010》,上海人民出版社 2010 年版。

(二)论文类

1. 李频:《1978 年以来中国省域出版体制变迁研究》,中国传媒大学 2009 年博士学位论文。
2. 曾凡斌:《论传媒的整体上市》,科学经济社会,2010(4).
3. 赵卫斌:《新闻出版企业上市方式的选择》,中国出版,2011(20).
4. 林柏松:《我国出版传媒集团资本运营研究——分拆上市和整体上市比较分析》,对外经济贸易大学 2011 年硕士学位论文。
5. 周正兵:《警惕出版企业上市的"羊群效应"》,编辑之友,2010(7).
6. 张美娟、张海莲:《关于我国出版上市企业发展的思考》,出版科学,2008(4).
7. 周鼎:《关于出版集团上市的几点思考》,出版广角,2010(5).
8. 孙建军、王浩、朱鸿军:《中国传媒上市公司投融资行为研究》,江海学科,2011(3).
9. 盛虎、王冰:《我国传媒类上市公司投资战略研究》,中国出版,2012(2).
10. 周正兵:《出版类上市公司投资行为的实证分析——我国出版产业培育战略投资者的现实思考之二》,编辑之友,2011(1).
11. 黄霄旭:《出版上市公司"数字化"透视——我国出版上市公司经营绩效分析与考察报告》,出版广角,2012(5).
12. 马轶凡:《中外出版业上市公司对比分析》,探索与争鸣,2012(5).

13. 唐溯:《我国出版上市公司绩效综合评价》,出版发行研究,2010(8).
14. 吴晓君:《出版行业上市公司股价变动与大盘变动相关性的实证分析》,出版发行研究,2011(1).
15. 匡琪琦:《中国传媒上市公司融资效率研究》,湖南大学2010年硕士学位论文。
16. 穆青、万涛:《我国传媒上市公司融资效率研究》,现代传播,2012(2).
17. 蒋三梅:《H出版集团合并财务报表及分析》,华中科技大学2005硕士学位论文。
18. 曾爱民:《融资约束、财务柔性与企业投资—现金流敏感性——理论分析及来自中国上市公司的经验证据》,中国会计学会2011学术年会论文集,2011年。
19. 陈伟:《融资约束、信息不对称与企业投资行为——来自中国上市公司的经验证据》,科技与产业,2010(4).
20. 罗琦等:《融资约束抑或过度投资——中国上市企业投资、现金流敏感度的经验证据》,中国工业经济,2007(9).
21. 姚德权、陈晓霞:《传媒上市公司资本结构与绩效相关性研究》,国际经贸探索,2008(12).
22. 姚德权、李倩:《传媒上市公司高管薪酬激励与经营绩效实证研究》,现代传播,2011(12).
23. 郑小强:《传媒上市公司股权集中度与经营绩效关系实证研究》,重庆科技学院学报,2012(5).
24. 胡志勇:《我国传媒上市公司经营效绩剖析》,广州大学学报,2007(1).
25. 庞万红:《传媒上市公司运营绩效研究》,西北大学2010年硕士学位论文。
26. 束义明:《我国传媒上市公司经营绩效评价及实证研究》,出版发行研究,2011(1).
27. 刘小彤:《中国传媒业上市公司核心竞争力评价研究——基于财务的视角》,经济研究导刊,2011(18).

28. 张金海:《传媒上市公司的关联交易及其对公司价值的影响》,新闻界,2008(4).
29. 陈刚:《中国资本市场的区域差异研究》,中国软科学,2003(9).
30. 李芸达:《先投后融,抑或先融后投——基于对我国企业产权制度的分析》,会计研究,2012(1).
31. 马健:《双重异质信念下中国上市公司融资决策研究》,中国管理科学,2012(4).
32. 马健:《投资者、管理者异质信念——公司融资决策及股价效应》,经济与金融,2012(10).
33. 马健:《异质信念、融资决策与投资收益》,管理科学学报,2013(1).
34. 唐克敏:《上市公司投资特点与偏好的经验分析——基于中国沪深股市非金融类上市公司的相关数据》,特区经济,2011(1).
35. 徐磊:《中国上市公司的投资行为与效率研究》,上海交通大学2007年博士学位论文。
36. 郝颖:《大股东控制下的中国上市公司投资行为特征研究》,重庆大学2007年博士学位论文。
37. 窦炜:《融资约束、代理冲突与中国上市公司投资行为研究》,重庆大学2011年博士学位论文。
38. 何青:《我国上市公司的投资行为研究——基于新古典理论的检验》,当代财经,2006(2).
39. 陈汶彦:《从行为金融学看我国上市公司的投融资决策》,现代商贸工业,2008(12).
40. 汪静:《管理者过度自信对上市公司投融资决策影响实证研究》,南京理工大学2008年硕士学位论文。
41. 颜剩勇:《上市公司投融资行为可持续性研究——基于社会责任的视角》,财经科学,2008(7).
42. 刘晓冬:《上市公司投融资匹配程度研究》,大连理工大学2011年硕士学位论文。

43.廖士光:《上市公司中期票据融资的影响因素研究》,证券市场导报,2011(3).

(三)外文类

1. Myers S, N.S. Majluf. "Corporate financing and investment decisions when firms have information that investors do not have", *Journal of Financial Economics*, 1984(13):187-221.

2. Myers, S.C.. "Still searching for optimal capital structure", in J.M. Myers, S.C. & D.H. Chew, Jr. ed.

3. *The Revolution in Corporate Finance*, 3ed., Blackwell Publishers Inc.

4. Myers, S.C.. "The capital structure puzzle", *Journal of Finance*, 1984, 39.

5. Miller, M.. "Debt and taxes", *Journal of Finance*, 1997, 32.

6. Modigliani, F., M. Miller. "The cost of capital, corporation finance and the theory of investment", *American Economic Review*, 1958, 48.

7. Booth, L., V. Aivazian, A. Demirguc-Kunt, & V. Maksimovic. *Capital structures in developing countries*, *Journal of Finance*, 2001, 5.

8. Demirguc-Kunt, A., V. Maksimovic. Institutions, financial markets and firm debt maturity, *Journal of Financial Economics*, 1999, 54.

后　记

本书有幸荣获2015年度国家出版基金的资助,并于本人博士毕业论文的基础上修改而成。

中传的三年时光,倏忽而过。在此特别感谢我的导师中国传媒大学副校长、编辑出版研究中心主任蔡翔教授,他与生俱来的达观性格及锋芒的思辨精神,时常令受制于人生命题困扰及学术困惑的我柳暗花明又一村。受益于蔡老师严谨的学术训练及相对自由的博士生培养机制,我在治学态度及科研方法上有了更深层次的体悟。受益于编辑出版研究中心科研团队的"传帮带"机制,我感受到了团队协作的力量及科研创新的乐趣。

感谢编辑出版研究中心的李频教授,他在我学位论文撰写前指导我进行的各种学术训练及执着的专业精神,令我获益匪浅。同样感谢韬奋基金会理事长聂震宁老师、北京印刷学院数字出版与传媒研究院院长郝振省老师,他们在我的博士论文开题阶段及中期考核期间,都对我的论文大纲及撰写提出过非常宝贵的意见。此外特别感谢中国传媒大学出版社社长王巧林教授,中国传媒大学研究生导师、大象出版社社长王刘纯教授,他们曾以业界人士的身份接受过我的访谈,为我的撰写提供了大量的指导性线索,并就出版行业的一些具体问题为我答疑解惑。

二十二年漫漫求学路,一气呵成。有人说我幸运,委实,遇见过几位于我有恩情的师长。但更多时候,我清醒地觉知着一个事实:在念书这件事情上,我是没有丝毫天分可言的。我只是将别人用来做一切事情的时间都放在了与书本整日的厮磨之中。我的大学时光、研究生时光,在经历过某种近乎于贪婪且笨拙的知识囤积之后,将自己生硬地锻造为一个只知仰望星空的"熟练工种"。这期间,父母给予了我极大的时间支持和精神理解,他们从日常生活的各种细节中为我节约时间,以至于我时常表现出对于简单家务及世故人情的惊人懵懂。他们自始至终认为我的时间比他们的更宝贵,他们以我为荣,又劝我放松。我希望自己能用余生回馈他们:我曾经吝惜的,却又时常挥霍给无意义的人和事的时间和陪伴。

图书在版编目（CIP）数据

出版传媒上市公司投融资研究/李瑞著. —北京：中国传媒大学出版社，2016.12

（中国出版产业研究/蔡翔总主编）

ISBN 978-7-5657-1605-8

Ⅰ.①出… Ⅱ.①李… Ⅲ.①出版社—上市公司—融资—研究—中国 Ⅳ.①G239.22

中国版本图书馆 CIP 数据核字（2016）第 017699 号

出版传媒上市公司投融资研究
CHUBAN CHUANMEI SHANGSHI GONGSI TOURONGZI YANJIU

著　　者	李　瑞
责任编辑	唐　颖　赵丽华
封面制作	泰博瑞国际文化传媒
责任印制	曹　辉
出版发行	中国传媒大学出版社
社　　址	北京市朝阳区定福庄东街1号　邮编：100024
电　　话	86-10-65450528　65450532　　传真:65779405
网　　址	http://www.cucp.com.cn
经　　销	全国新华书店
印　　刷	北京艺堂印刷有限公司
开　　本	710mm×1000mm　1/16
印　　张	13.75
字　　数	174 千字
版　　次	2016年12月第1版　　2016年12月第1次印刷
书　　号	ISBN 978-7-5657-1605-8/G·1605　　定　价　49.00元

版权所有　　翻印必究　　印装错误　　负责调换